Hans Christian Altmann

Die hohe Kunst der Überzeugung

Hans Christian Altmann

Die hohe Kunst der Überzeugung

100 Tips für mitreißende Rhetorik, effektivere Kommunikation und erfolgreiche Verhandlungen

mvg

Die Deutsche Bibliothek – CIP-Einheitsaufnahme

Altmann, Hans Christian:
Die hohe Kunst der Überzeugung : 100 Tips für mitreißende Rhetorik, effektivere Kommunikation und erfolgreiche Verhandlungen / Hans Christian Altmann. – Landsberg/Lech : mvg-verl., 1999
(Business-training ; 81216)
ISBN 3-478-81216-X

Umschlaggestaltung: Felix Weinold, Schwabmünchen
Satz: mi, Sabine Linder
Druck: Presse-Druck, Augsburg
Printed in Germany 081 216/899402
ISBN 3-478-81216-X

Inhalt

Vorwort

Lieber Leser,

keine Fähigkeit wird heute so geschätzt und gefürchtet wie die Fähigkeit, überzeugend zu reden. Keine Fähigkeit trägt mehr zur persönlichen Sicherheit und Selbstverwirklichung bei wie die Fähigkeit, seine Ansichten und Ideen glaubhaft zu vertreten.

Überzeugend reden zu können ist heute die Voraussetzung für jeden Führungserfolg, für jeden Verkaufserfolg, für jeden Verhandlungserfolg!

Dieses Buch soll Ihnen dabei helfen. Es ist kein Lesebuch zum einmal Durchblättern, auch wenn viele Beispiele und Geschichten Ihre Neugierde wecken werden. Es ist ein Arbeitsbuch – ein Handbuch mit vielen praktischen Tips, Regeln und Merksätzen, mit ausgearbeiteten Checklisten, Anwendungsbeispielen und Übersichten.

Sie sollten dieses Buch ebenso als Übungsbuch wie als Nachschlagewerk oder Ideenlieferant verwenden. Wenn Sie nach einer passenden Einleitung suchen: Vierzehn verschiedene Beispiele stehen Ihnen zur Verfügung. Wenn Sie nach geeigneten Schlußsätzen suchen: Wählen Sie aus neun Beispielen aus, was Ihren Vorstellungen am nächsten kommt. Wenn Sie nach rhetorischen Stilmitteln suchen: Prüfen Sie unter dreizehn Beispielen, was Ihnen am besten gefällt. Ob es sich um verschiedene Verhandlungsmethoden handelt oder um Regeln, wie man Beifall erhält, alle diese Tips sind so übersichtlich angeordnet, daß Sie sie schnell finden und ebenso schnell anwenden können.

Alle Regeln und Beispiele, die Sie hier finden, stammen aus der Praxis: aus meinen eigenen Verhandlungserfahrungen mit Hunderten von Beratern, aus vielen Rhetorik- und Kommunikationsseminaren – oder aus dem historischen »Nachlaß« berühmter und erfolgreicher Persönlichkeiten. Dank zu sagen, habe ich den vielen Seminarteilnehmern und Gesprächspartnern, durch deren Mitwirkung dieses Buch erst entstehen konnte.

Hans Christian Altmann

ERSTER TEIL

Reden

I Die Macht der Rede

Jeder, der sich einer Mühe unterziehen soll, fragt sich mit Recht: »Lohnt sich diese Mühe? ... Was kann ich dabei gewinnen?« Und er wird sich weiter fragen: »Was kann heute die Rhetorik ausrichten angesichts der erschlagenden Übermacht der öffentlichen Medien, der Totalität moderner Kommunikationsmittel? Was hat da die Stimme eines einzelnen noch für ein Gewicht?« – Die Rolle eines Rufers in der Wüste?

Jedes Übel trägt in sich den Keim des Guten. So perfekt, so großspurig, so erschlagend die Medienlandschaft heute aussieht, so anonym, so fremd, so unpersönlich wirkt sie oft auf den einzelnen. Und genau da liegt auch heute noch die Chance eines guten Redners!

Sie werden sich manchmal mit Recht fragen, warum denn unsere Parlamentarier so viel und so häufig reden, wenn am Ende dieser Reden doch genauso abgestimmt wird, wie es dem Kräfteverhältnis der Parteien entspricht. Böse Worte wie »Fensterreden« und »Filibuster« machen dann die Runde. – Trotzdem! Jeder, der führt und führen will, muß reden können, muß gut und überzeugend reden können, muß seine Anhänger begeistern und mitreißen können, muß ihnen Hoffnung vermitteln und nach Niederlagen neue Zuversicht einflößen können. Diese »Feldherrnprobe« wird keinem erspart. **Denn führen heißt als erstes: aus der Menge hervorragen, durch überzeugendere Ideen, Initiativen und Maßnahmen.** Einige Beispiele mögen das verdeutlichen:

Margaret Thatchers glanzvolles Rede-Comeback

Kurz nachdem die Führerin der englischen Opposition Margaret Thatcher Ende März 1977 ihren ersten Mißtrauensantrag gegen die regierende Labourparty eingebracht hatte, ergoß sich über die »sehr ehrenwerte Lady aus Finchley-Ost« (Wahlkreis von Frau Thatcher) eine Flut abfälligster Kommentare; Kommentare, die geeignet erschienen, die Führungsrolle von Frau Thatcher ernsthaft in Zweifel zu ziehen. Der konservative Daily Mail schrieb: »Frau Thatchers Begründung des Mißtrauensantrags war so schrecklich, ihre Klischees so grauenhaft und der Rest so langweilig, ihre Rede solch ein Mittelding zwischen Katastrophe und Desaster, daß es einem Fiasko gleichkam.« Und selbst die sonst nicht leicht erregbare konservative TIMES sah sich zu dem Ratschlag an Frau Thatcher veranlaßt, »sich für eine beträchtliche Zeit nicht mehr zu rühren, alle ihre Redenschreiber zu entlassen und in Zukunft keine Mißtrauensanträge mehr einzubringen«. – Und das im Land mit der größten parlamentarischen Beredsamkeit! Grund genug für Frau Thatcher, das Handtuch zu werfen? Aus der Traum vom Führungsanspruch?

Vier Monate später stellte die »Eiserne Lady« zum zweiten Mal die Vertrauensfrage. Und dieselbe Presse schrieb: »Frau Thatcher gab die eindrucksvollste und brillanteste parlamentarische Vorstellung ihrer Karriere und brachte ihre eigenen Reihen zur Verzückung, aus denen jubelnd Parlamentspapiere in die Luft geschleudert wurden, als sie ihre Rede beendet hatte.« Ebenso entzückt pries sie der Daily Telegraph abwechselnd als einen »blonden Bomber« und »blonden Tornado«. – Auch diesmal verloren die Tories bei der Abstimmung. **Auch größte Beredsamkeit wird die Machtverhältnisse nicht auf den Kopf stellen.** Aber die Gefolgschaft hatte ihren Mut wiedergefunden, und die Führungsrolle Frau Thatchers blieb unangetastet. Gute Reden können auch ganz handfeste Vorteile in der Praxis bringen. Auch dazu einige Beispiele:

Wie aus einem Reinfall ein Erfolgstreffer wurde

Als ich noch bei einem Weiterbildungsinstitut für die externe Weiterbildung verantwortlich war, also Seminare konzipieren, Referenten verpflichten und die Seminare verkaufen mußte, da hatte ich eines Tages einen besonderen Einfall. Ich wollte etwas Gutes tun. Konkret: Ich wollte den Studenten, die kurz vor ihrem Examen standen, zeigen, wie man sich nach dem Studium erfolgreich um eine Stellung bewirbt. Denn: **Was helfen die besten Noten, wenn man sich danach nicht überzeugend verkaufen kann?** Damit hoffte ich, gleich drei Fliegen mit einer Klappe zu schlagen.

1. Ich wollte den Studenten einen guten Dienst erweisen und sie dadurch auch als zukünftige Kunden für das Weiterbildungsinstitut gewinnen.
2. Ich wollte für das Institut, für das ich arbeitete (und auch für mich) ein wenig PR machen und die Presse zu dieser Aktion einladen.
3. Ich wollte neue, interessante Referenten für die Kooperation gewinnen.

Alle drei Dinge klappten, doch am Anfang sah es gar nicht gut aus. Was hatte ich eigentlich vor? Zunächst wollte ich den Studenten ein Abendseminar anbieten, bei dem der Direktor des Münchner Arbeitsamtes über die Situation am Arbeitsmarkt und die besten Zukunftschancen für die Studenten der Betriebs- und Volkswirtschaft sprechen sollte. Dann sollte der Leiter der Personalabteilung von BMW darüber sprechen, wie ein Großunternehmen, das auf eine Anzeige oft Tausende von Bewerbungen bekommt, die entsprechenden Kandidaten auswählt, und drittens wollte ich selbst über erfolgversprechende Strategien bei einem Vorstellungsgespräch reden. Die Studenten sollten dafür nichts bezahlen, sondern nur eine Stunde für Statistikarbeiten zur Verfügung stehen.

Nachdem alle Einzelheiten festgelegt waren, machte ich mich auf den Weg zum Lesesaal der Betriebswirtschaftsstudenten. Als ich ankam, herrschte tiefes Schweigen.

Jeder Student war in seine Bücher vertieft oder machte sich gerade Notizen. Also trat ich leise an den ersten heran und flüsterte ihm etwas ins Ohr, das ungefähr so klang: »Guten Tag, mein Name ist Altmann. Ich komme vom Weiterbildungsinstitut XY. Wir wollen Studenten ein Spezialseminar anbieten mit dem Thema: ›Wie man sich nach dem Studium erfolgreich um eine Stellung bewirbt«. Ich hatt kaum zu Ende gesprochen, da sagte der Student gleich ziemlich unwirsch: »Wissen Sie nicht, daß hier Sprechverbot ist? Ich habe zu arbeiten.« Peng! Das saß. Ich ging zum zweiten und fing an, ihm dasselbe Sprüchlein ins Ohr zu flüstern. Doch der verbat sich das kurzerhand mit dem energischen Zwischenruf: »Stören Sie mich nicht!« Der dritte Student ließ mich erst gar nicht zu Worte kommen. Er hatte anscheinend beobachtet, wie schnell ich von den beiden anderen abgefertigt wurde, und sagte deshalb schon nach den ersten beiden Sätzen: »Ich habe kein Interesse daran!«

»Bravo!« dachte ich mir. »Das fängt ja gut an. Da habe ich eine tolle Idee, für die die Examenskandidaten doch an sich dankbar sein müßten. Schließlich haben sie die Chance, mit dem Arbeitsamtsdirektor zu sprechen und sogar den Leiter der Personalabteilung von BMW kennenzulernen und vielleicht durch intelligente Fragen auf sich aufmerksam zu machen – und alles, was ich höre, sind Ablehnungen. **»Das gibt es doch gar nicht!« sagte ich zu mir. »Da muß es doch einen anderen Weg geben!«** Und plötzlich fiel mir ein, daß ich ja schon ein Rhetorikbuch, aber noch kein Buch über das perfekte Flüstern geschrieben hatte. »Also«, sagte ich zu mir, »dann rede halt – und flüstere nicht mehr!«

Da mein Einstand bei den künftigen Diplomkauffrauen und -männern danebengegangen war, wechselte ich den Ort des Geschehens, stieg eine Treppe höher, betrat den Lesesaal der potentiellen Volkswirte, stellte mich mitten im Raum auf und sagte mir klarer und lauter Stimme:

»Meine sehr verehrten Damen und Herren, darf ich einen Augenblick um Ihre Aufmerksamkeit bitten.« 25 Köpfe schnellten hoch, um nach dem Urheber dieser überraschenden Aussage zu spähen. Obwohl ich gleich alle 25 Studenten aufgescheucht hatte, sagte doch kein einziger etwas von »Ruhestörung« oder »Sprechverbot«. Im Gegenteil, sie sahen mich eher neugierig an. Dann stellte ich ihnen in kurzen Worten meinen Vorschlag vor und endete mit der Aufforderung: »Wenn Sie Interesse an diesem Abendseminar haben, bitte ich Sie, diesen Fragebogen auszufüllen und mir dann zurückzugeben.«

Dabei schwenkte ich etwa 20 Fragebögen, denn so viele Teilnehmer wollten wir für dieses Seminar zulassen. Was jetzt geschah, werde ich nie vergessen. Es war, als ob ich in einer anderen Welt und nicht ein Stockwerk höher wäre. Kaum war ich fertig, waren die ersten Studenten schon bei mir, um sich die Fragebögen aushändigen zu lassen. Im Nu waren alle 20 Fragebögen verteilt. Und wissen Sie, was jetzt geschah? Fünf Studenten standen noch ohne Fragebögen da und baten mich dringend, doch noch an diesem Seminar teilnehmen zu dürfen. Und als ich sagte, daß ich keinen Fragebogen mehr hätte, schlugen sie spontan vor: »Geben Sie uns ein Muster, dann rennen wir sofort zum Kopierer, um uns eine Kopie zu machen.« Und genauso geschah es. **Alle 25 Studenten kamen an dem betreffenden Abend zu diesem Seminar.**

Doch das war erst der erste Vorteil dieser überraschenden Redeeinlage. Der zweite folgte unmittelbar danach: Alle Münchner Zeitungen berichteten, teilweise sogar halbseitig und mit Bild, über diese Initiative. Und ich erinnere mich noch daran, daß sogar die Zeitschrift Capital, der ich eine Einladung und die Unterlagen zugeschickt hatte, zwar keinen Reporter sandte, aber aufgrund der Unterlagen einen sehr ausführlichen Artikel brachte.

Der dritte Vorteil war der mit Abstand wichtigste – auch wenn er erst viel später eintraf. Dieses Seminar hatte mir den Kontakt zu dem Leiter der Personalabteilung von BMW gebracht. Er konnte zwar nicht selbst an dem Seminar teilnehmen, aber er schickte mir einen äußerst kompetenten Mann, der jeden Tag direkt mit der »Personalbeschaffung« zu tun hatte (so hieß sein Aufgabenbereich). Als etwa eineinhalb Jahre später, ich hatte mich in der Zeit bereits selbständig gemacht, plötzlich eines Tages das Telefon bei mir zu Hause klingelte, da meldete sich das Trainingszentrum von BMW für die Händlerbetreuung und fragte an, ob sie mich für ein Rhetorikseminar für ihre Trainer gewinnen könnten. Diese sollten für die kommende Automobilausstellung in Frankfurt rhetorisch etwas »aufgemöbelt« werden. Und siehe da: Ich konnte! Und so begann eine zehnjährige Zusammenarbeit. **Wie war es zu dieser Anfrage gekommen?** Das Trainingszentrum hatte bei der Personalabteilung angefragt, ob sie einen Rhetoriktrainer empfehlen könnte. Das Gespräch war aus reinem Zufall an den Leiter der Personalbeschaffung gegangen – und der kannte tatsächlich jemanden – mich. Später habe ich mich revanchiert, indem ich meinen Verlag auf ihn aufmerksam machte und er so die Chance erhielt, ein Buch über seine Tätigkeit zu veröffentlichen.

So positiv und weitgehend kann sich eine Rede auszahlen. Sehen wir uns jetzt noch ein anderes Beispiel an, welchen Vorteil eine gute Rede bringen kann.

So erreichen Sie durch einen starken letzten Eindruck ein Top-Zeugnis

Ein guter Bekannter von mir, den ich hier Heinz Walter nennen will, hatte eines Tages den Anruf eines Vorstandes bekommen, der sich sehr lobend über ein Buch äußerte, dann über seinen gegenwärtigen Job mit ihm sprach und schließlich mit der Frage schloß, ob er denn nicht jemanden wüßte, der die Aus- und Weiterbildung in seinem Unternehmen übernehmen könnte. Immerhin handelte es sich um eines der größten Unternehmen dieser Branche. Mein

Bekannter dachte kurz nach und begriff natürlich sofort die eigentliche Fragestellung, die da lautete: »Haben Sie denn selbst Interesse, künftig unsere Aus- und Weiterbildung verantwortlich zu leiten?« Kurzum: Einige Monate später begann er in diesem Unternehmen seinen neuen Dienst. Der Name der Firma, die Büros, das Casino, die Weiterbildungsausstattung – alles war vom Feinsten. Aber bald bemerkte er, daß er im Gegensatz zu seiner früheren Tätigkeit, bei der er relativ schnell und allein entscheiden konnte, sich jetzt mit Dutzenden von Abteilungen und Vertriebsdirektionen abstimmen mußte. Und wenn vorher ein oder zwei Gespräche für die Planung eines Seminars genügten, war jetzt geradezu ein organisatorischer Rundumschlag notwendig, um etwas auf die Beine zu stellen. Da ihm auch die Lage, rund 600 Kilometer von München entfernt, nicht besonders zusagte, entschied er sich nach der Probezeit, aufzuhören und wieder nach München zurückzukehren.

In diesem Augenblick trat in der Person des Herrn Ewald Beckers eine ganz besondere Herausforderung an ihn heran. Zwei Tage, bevor mein Bekannter den Konzern verlassen wollte, feierte Herr Beckers sein 25jähriges Dienstjubiläum, und das sollte natürlich in einem würdigen Rahmen mit einer Rede, also einer echten Laudatio, gebührend gefeiert und gewürdigt werden. Schon wollte mein Bekannter ob des Termins abwinken, als er sich plötzlich sagte: »Warum nicht? Wenn es klappt, kommen auch die Direktoren der Verwaltung ins Trainingszentrum, und **wenn die Rede gut ist, kann das einen ganz schönen Eindruck hinterlassen,** was sich bestimmt auf mein Zeugnis auswirken wird.« Also nahm er sich die Zeit, Herrn Beckers ganz genau nach seinen Lebensstationen zu befragen, wie er zur Firma gekommen sei, auf welche Leistungen er besonders stolz sei, welche Veränderungen ihm in den letzten 25 Jahren am meisten aufgefallen seien, mit welchen Problemen er sich am schwersten getan habe und um welche Aufgaben er sich in letzter Zeit besonders gekümmert hätte und so weiter und so fort. Aber er wollte nicht nur eine gute Rede halten, sondern auch noch eins draufsetzen: Er wollte die ganze Rede einschließlich aller Daten, Fakten und Zahlen frei sprechen. Und genauso ging er auch vor.

Als sich am Tag der Ehrung rund 50 Personen versammelt hatten, darunter auch zwei Vorstände, und jeder an seinem Glas Sekt nippte, da bat mein Bekannter ums Wort und begann seine Laudatio. Trotz der geradezu witzigen Situation, daß eine Führungskraft, die es nur ein halbes Jahr in diesem Unternehmen ausgehalten hatte, nun einen Mitarbeiter durch eine Laudatio ehren sollte, der 25 Jahre lang dieser Firma treue Dienste geleistet hatte, begeisterte mein Bekannter die Zuhörer und, indem er mit Humor und Engagement das Leben dieses Mannes vor den erstaunten Zuhörern abrollte. Ein dankbarer Händedruck und anerkennende, ja fast bewundernde Blicke der Anwesenden ob dieser rhetorischen Glanzleistung waren der Dank für seinen Einsatz. Und noch schöner: In seinem Zeugnis fand er die Beurteilung, die er sich an diesem Tag wahrlich verdient hatte: »Herr X versteht es, sowohl durch sein fundiertes Wissen als auch durch seine rhetorische Brillanz seine Mitarbeiter und Gesprächspartner zu begeistern und mitzureißen.«

Schauen wir uns jetzt noch ein drittes Beispiel an, wie gute Rhetorik jemandem zu echten Vorteilen verhelfen kann.

Wie aus einem Gelegenheitsjobber ein anerkannter Reiseleiter wurde

In einem Rhetorikseminar erzählte mir einmal ein Teilnehmer namens Andreas Bäumer folgende Geschichte: Er studierte gerade im fünften Semester Kunstgeschichte, als er am Ende des Semesters mit betrübter Miene feststellte, daß es bei seinen Finanzen genauso mager aussah wie bei denen vieler moderner Künstler. »In jener Zeit«, sagte er mir, »gab es nur eine Möglichkeit, in den Ferien ordentlich Geld zu verdienen. Das habe ich auch gemacht, ohne zu wissen, auf was ich mich da einlassen würde. Zuerst einmal hieß das um 5 Uhr aufstehen, denn Arbeitsbeginn war 6 Uhr morgens. Dann hatte ich als erste Arbeit den Auftrag bekommen, aus den gebrauchten Schalungsbrettern, die man gewöhnlich für das Ausgießen von Betonwänden verwendet, die Nägel herauszuziehen – und das nicht einen Tag, sondern eine ganze Woche lang. Danach bekam ich die Aufgabe, da kein Aufzug vorhanden war, den frisch angerührten Beton in einem Schubkarren – auf einem schmalen Brett balancierend – an den Ort der Verwendung zu karren. Ein Fehler, und ich wäre mitsamt dem Schubkarren in die frisch betonierte Decke gefallen. Für einen Studenten, der gewöhnlich nur das Betätigen eines Kugelschreibers als schwierigste Handarbeit zu leisten hat, war das eine gewaltige Aufgabe.

Da habe ich mir überlegt, ob es denn nicht eine andere Möglichkeit des Geldverdienens gäbe. Und siehe da – einige Monate später entdeckte ich am schwarzen Brett folgenden Anschlag: **»Reiseleiter für Studienreisen gesucht!«** Das wär's, sagte ich zu mir und meldete mich bei dem Unternehmen, das auf diesem Gebiet das größte in ganz Deutschland war, sofort an. Ich interessierte mich vor allem für Italien. Schließlich hatte ich bereits im Gymnasium Italienisch gelernt und später sogar ein halbes Jahr in Italien studiert. Folglich überstand ich sowohl die fachliche als auch die sprachliche Prüfung ohne Probleme und wurde angenommen.«

Was dann folgte, sah so aus: Um das Metier kennenzulernen, sollte er zuerst einmal mit einem erfahrenen Reiseleiter mitfahren und alles Notwendige an Ort und Stelle lernen. Darunter natürlich auch das Reden bzw. Erklären von Geschichte und Geschichten, von Entwicklungen und Zeitabläufen. Das klingt alles ganz harmlos. Aber es ist ein großer Unterschied, ob man in Deutschland in einem klimatisierten Raum einen Vortrag über römische Geschichte hält oder ob man bei 35 °C im Schatten die Leute dazu bekommt, mit Begeisterung über das Forum Romanum zu gehen und den Ausführungen eines Reiseleiters mit Interesse zuzuhören. Prompt sprach ihn am dritten Tag der Reise der verantwortliche Reiseleiter an und fragte ihn, ob er sich zutraue, morgen am Grabmal des Theoderich in Ravenna einen kurzen Vortrag über das Leben und die Bedeutung Theoderichs zu halten. Obwohl er ein wenig aufgeregt war, meisterte er die Aufgabe ganz gut. Die Leute – darunter Studienräte und Oberstudienräte, also eher kritische Leute – schienen mit seinen Ausführungen zufrieden zu sein. Einige Tage später sprach er bereits im Petersdom zu Rom über die berühmte »Pieta«, eine wunderschöne Marmorstatue von Michelangelo, und auch diesmal waren alle davon sehr angetan.

Danach weihte ihn sein »Meister« auch noch in die nicht zu unterschätzende Fähigkeit ein, wie man als Reiseleiter das etwas spärliche Tageshonorar aufbessert, was den Posten von Tag zu Tag attraktiver machte. Und da sich Andreas Bäumer sowohl bei den rhetorischen Übungen als auch bei den finanziellen Ausführungen recht geschickt anstellte, bekam er zum Schluß auch ein gutes Zeugnis ausgestellt und wurde als Reiseleiter angenommen.

Wenn nun Andreas Bäumer in seinen Semesterferien zwischen Venedig und Neapel hin- und hergondelte und dank der hervorragenden rhetorischen und finanziellen Einweisung gleichermaßen Lob wie Entlohnung fand, dachte er nur noch gelegentlich an das Ziehen von Nägeln und das Schleppen betongefüllter Schubkarren. Statt dessen saß er ganz vorne in der ersten Reihe, hinter sich 35 Leute, **fühlte die bewundernden Blicke und dankte dem Schöpfer für seine rhetorischen Fähigkeiten.** Nur einmal zuckte er zusammen, als er hörte, was dem Reiseleiter passiert war, den er dann ein Jahr später selbst eingewiesen hatte: Er hatte anscheinend die Feuerprobe des Südens nicht bestanden. Er hatte es nicht verstanden, die Leute vor den Kunstwerken der Antike oder Renaissance so zu begeistern, daß sie ihm auch noch bei 36 °C im Schatten zu den Sehenswürdigkeiten seines Programms folgten. Ja, sie hatten sogar den Aufstand geprobt: Als er um 9 Uhr morgens wie üblich den Bus zur Stadtrundfahrt besteigen wollte, da hatten sie ihm die Türe vor der Nase zugeschlagen und waren einfach davongefahren. Da dankte Andreas Bäumer seiner rhetorischen Begabung und stellte mit Schaudern fest, wie schmal doch oft der Grad zwischen Erfolg und Mißerfolg, zwischen Anerkennung und Absturz ist. Und das alles, weil einer besser, interessanter, farbiger und begeisternder reden konnte.

So finden Sie in einem Hotel am schnellsten Kontakt

Viele Gäste, die in einem großen Hotel ihre Ferien verbringen, stehen vor einem bestimmten Problem. Entweder sie fühlen sich isoliert und kommen mit anderen Gästen nur schwer in näheren Kontakt, oder sie sind auf Zufallsbekanntschaften angewiesen, wobei sich oft erst nach einer gewissen Zeit herausstellt, ob man auf gleicher Wellenlänge funkt. Vor einiger Zeit aber erlebte ich eine ganz andere Methode, wie man am schnellsten mit anderen Hotelgästen in Kontakt kommen kann, die die gleichen Interessen haben. Ich war zu einem Kururlaub in der Nähe von Padua, als ich in dem Hotel einen Anschlag fand:

Francesco Petrarca (1304-1374)
Der erste moderne Europäer
Leben – Werk – Bedeutung

Der Referent war ein gewisser Dr. Karl Winkelmann, der sich als promovierter Historiker und zugleich als Unternehmensberater ausgab und einige Semester in Italien studiert hatte. Da der Dichter Petrarca zu den größten italienischen Dichtern gehört und nur etwa 30 Kilometer entfernt von Padua in Arqua Petrarca in einem Haus (das man heute noch als Museum besichtigen kann) gestorben war, interessierte mich die Sache. Bei einem solchen Kururlaub ist man ja für jede geistige Anregung dankbar, und wenn man das Haus des Dichters noch bequem per Auto besuchen kann, dann ist das Interesse doppelt so hoch. Der Eintritt war für die Hotelgäste frei, und obwohl an diesem Abend sogar ein Galadinner auf dem Programm stand, war der kleine Saal mit zirka 50 Personen voll gefüllt, die alle erwartungsfroh diesem Vortrag entgegensahen.

Der Vortrag erfüllte dann auch wirklich alle Erwartungen: Der Referent ging genau auf sein Publikum ein, war ebenso unterhaltsam wie informativ und schlug auch immer wieder Brücken von der Vergangenheit in die Gegenwart. Dabei ging er auch darauf ein – und das ist für jeden Vortrag sehr wichtig –, was uns denn Petrarca heute noch zu sagen hat.

Daneben lockerte der Referent den Vortrag durch einige Scherze und Anekdoten auf. **So erinnere ich mich noch an die berühmte Geschichte mit dem »Ei des Kolumbus«.** »Wissen Sie, was es mit diesem Ei für eine Bewandtnis hat?« fragte uns Dr. Winkelmann. »Nun, diese Geschichte«, fuhr er fort, »stammt in Wirklichkeit von Brunelleschi, dem Architekten, der die erste freitragende Kuppel der modernen Zeit über dem Chor von Santa Maria Fiori, dem Dom von Florenz, gebaut hat. Jahrzehntelang war der Dom schon fertig gewesen, nur der Chor hatte noch immer kein Dach, weil die Florentiner einerseits eine schöne freitragende Kuppel wollten, aber andererseits bis dahin noch niemand dieser architektonischen Herausforderung gewachsen war – bis es Brunelleschi 1420 zum ersten Mal gelang. Nach der Einweihungsfeier lud Brunelleschi einige Freunde und Bekannte zu einer geselligen Feier ein und stellte ihnen dabei die folgende Frage: ›Wer von euch kann ein Ei auf den Kopf stellen?‹ Alle versuchten es, aber niemand schaffte es. Da nahm Brunelleschi ein Ei, brach die Spitze etwas ein und setzte es mit einem entschiedenen Ruck auf den Kopf. ›Ja, so hätten wir das auch gekonnt!‹ reagierten die Anwesenden empört. ›Natürlich‹, antwortete Brunelleschi, ›und genauso werden jetzt alle Architekten, nachdem sie meine Kuppel und die Bauweise begutachtet haben, sagen: Das ist doch gar nichts Neues, das hat doch der alte römische Baumeister Vitruvius schon vor 1400 Jahren so gemacht. So hätten wir das auch gekonnt. Nur – sie haben es nie gemacht.‹«

Ich erzähle Ihnen die Geschichte, damit Sie sehen, wie gerne die Zuhörer von Vorträgen eine Anekdote, eine Geschichte oder eine Information hören wollen, die sie dann weitererzählen können. Am Ende des Vortrags sagte Dr. Winkelmann: »Wer noch Fragen zu dem Thema hat oder sich noch weiter über Petrarca unterhalten will, der kann sich anschließend im Foyer gern zu mir setzen.« Natürlich nahm ich die Einladung gerne an, und dank der acht Personen, die da beisammensaßen, wurde es ein sehr angeregter Abend. Man traf sich auch an den weiteren Abenden, was zu netten persönlichen Bekanntschaften führte.

Später, als ich Dr. Winkelmann einmal fragte, warum er sich denn die Mühe mache, einen kostenlosen Vortrag anzubieten, sagte er: »Im Vertrauen gesagt, erstens fasziniert mich dieser Dichter wirklich, zum anderen aber ergeben sich durch solche Vorträge immer die angenehmsten Gesellschaften und persönliche Bekanntschaften.« »Halten Sie solche Vorträge denn auch an anderen Orten?« fragte ich zurück. »Wenn sich die Gelegenheit bietet, fast immer. Mir macht es Spaß, den Leuten macht es Spaß – und ich habe daraus die besten Kontakte gewonnen. Privat wie beruflich.«

Die ganze Geschichte erinnert mich an meine eigenen Anfänge mit der Rhetorik. Und die folgende Episode zeigt Ihnen nicht nur, wie man am besten und am einfachsten die Rhetorik üben kann, sondern wie man dabei auch am schnellsten gute Kontakte gewinnt.

Warum Sie als Führungskraft und Bürger reden können müssen

Nun werden Sie vielleicht sagen, daß Sie kaum in die Verlegenheit kommen werden, die Oppositionspolitik in England formulieren oder die hessische CDU zur absoluten Mehrheit führen zu müssen. Sie sind vielleicht Abteilungsleiter, sprechen ab und zu vor Kollegen und Mitarbeitern, halten hier und da eine Rede, weil Sie jemand darum gebeten hat.

Wenn Sie freilich einmal pedantisch wie ein Buchhalter notieren würden, wie oft Sie bei gegebenem Anlaß das Wort ergreifen, würden Sie bestimmt ganz anders darüber denken. Das Bonner Institut für Kommunikationsplanung nahm einmal in einer Studie (»Zeitökonomie im Management«) den Tagesablauf von Managern kritisch unter die Lupe. Das Ergebnis: Hauptbeschäftigung des Managers ist das Reden! Von einer durchschnittlichen 60-Stunden-Woche fallen auf Besprechungen, Konferenzen und Vorträge allein 25,8 Stunden. Noch interessanter ist allerdings das zweite Ergebnis: **Je höher die Position in der Hierarchie ist, um so mehr Zeit muß der Manager für Besprechungen, Diskussionen und Konferenzen aufwenden!**

In all diesen un- und überzähligen Besprechungen, Konferenzen und Vorträgen muß der Manager die Fähigkeit beweisen, die nach einer Umfrage der Harvard Business Review die wichtigste des Managers sein sollte: »… die Fähigkeit, sich überzeugend zu äußern.« Vance Packard schrieb dazu in seinem Buch »Die Pyramidenkletterer«: »Einige Personalberater heben besonders die Tatsache hervor, daß die Fähigkeit, sich gut auszudrücken, sei es durch das gesprochene Wort, sei es schriftlich, für Spitzenkräfte von überragender Wichtigkeit ist.«

Aber nicht nur im Betrieb werden die Anforderungen an eine überzeugende Sprech- und Ausdrucksweise mit jedem

Schritt »gipfelwärts« größer; auch im öffentlichen Leben nehmen die Möglichkeiten und Verpflichtungen zu sprechen einen immer größeren Rahmen ein.

Der zunehmende »Demokratisierungsprozeß« auf breitester Ebene, der in letzter Zeit geradezu eine Explosion von Bürgerinitiativen, Bürgerversammlungen und Protestaktionen bewirkt hat, und nicht zuletzt die erweiterten Mitbestimmungsmöglichkeiten im Betrieb zwingen die Unternehmer wie ihre Führungskräfte, aus ihrer »splendid isolation« herauszukommen und Mitarbeitern wie Öffentlichkeit Rede und Antwort zu stehen.

Wenn heute eine Firma ein schutzwürdiges Haus niederreißen oder eine neue Produktion aufnehmen will, wenn sie Entlassungen vorhat oder Betriebsstillegungen erwägt, wenn sie Sonderschichten plant oder den Aktionären Rechenschaft ablegt – dann kommt es nicht darauf an, ob sie recht hat oder ob sie gute Gründe hat, sondern einzig und allein darauf, wie überzeugend sie es versteht, ihren Standpunkt darzulegen. Und dazu gehört wesentlich mehr, als einfach die guten Gründe aufzuzählen oder einmal in einer Großaktion an die Öffentlichkeit zu treten.

Zum andern: In vielen Fällen sind Sie bereits persönlich angesprochen, sind Sie gezwungen, auf Bürger- und Bezirksversammlungen Ihr Recht wahrzunehmen. Wenn die geplante Autobahntrasse an Ihrem Haus vorbeiführen, der neue Rangierbahnhof in Ihr Stadtviertel verlegt oder Ihre Straße zur internationalen Reiseroute erklärt werden soll, dann wollen und müssen Sie selbst Ihre Interessen vertreten, müssen andere überzeugen und ihre Unterstützung gewinnen!

Welche Schlüsse sind daraus zu ziehen?

- Keine Tätigkeit nimmt den Manager so in Anspruch wie die Verpflichtung, zu reden und zu verhandeln.

- Keine Fähigkeit des Managers wird so hoch eingeschätzt (und bewundert) wie die Kunst, auf Vorträgen, Konferenzen und Verhandlungen seine Ideen klar, präzis und anschaulich vorzutragen.
- Keine Eigenschaft des Betriebes erweckt heute – im Zeichen eines zunehmenden öffentlichen Bewußtseins – soviel Mißtrauen, soviel Feindseligkeit und so viele Mißverständnisse wie die fehlende oder falsche Selbstdarstellung in der Öffentlichkeit.
- Keine Fähigkeit eines »Bürgers« wird in Zukunft mehr geschätzt (oder gefürchtet) werden als die Fähigkeit, Meinungen zu artikulieren, Probleme treffsicher anzusprechen und Gruppen zielgerichtet zu beeinflussen.

II Rhetorik-Tips auf dem Prüfstand

Bevor wir im nächsten Kapitel mit der praktischen Rhetorik beginnen, möchte ich Ihnen einige Klischees und Pauschalurteile vorstellen, die Sie immer wieder in Rhetorikbüchern antreffen. Ich will mich über solche Lehrbuchtips nicht lustig machen. Ich zitiere sie einzig zu dem Zweck, Sie ein wenig zum Nachdenken über diese Methoden anzuregen, damit Sie in Zukunft mehr Ihrer eigenen Erfahrung vertrauen als Lehrbüchern. Am Ende sollen Sie soweit sein, auch dieses Buch beiseite legen zu können, um künftig nur mehr Ihren persönlichen Stil weiterzuentwickeln – angefangen beim Aufbau einer Rede bis hin zu Ihrer ureigensten Gebärdensprache.

Überlegen Sie sich nun folgende Fragen:

	ja	nein
1. Sollte man sich grundsätzlich auf eine Rede möglichst lange Zeit vorbereiten?	❑	❑
2. Sollte man grundsätzlich eine Rede ohne »Zorn und Eifer« entwerfen?	❑	❑
3. Sollte man grundsätzlich eine Rede in der Reihenfolge zuerst die Einleitung, dann der Hauptteil und zuletzt der Schluß aufbauen?	❑	❑
4. Sollte man grundsätzlich nicht länger als eine Stunde reden?	❑	❑
5. Sollte man sich grundsätzlich auf verbesserte Gedächtnisleistungen der Zuhörer verlassen, wenn man Visualisierungsmittel einsetzt (Tafel, Zeichnungen, Modelle, Bilder ...)?	❑	❑
6. Sollte das Redemanuskript grundsätzlich nur aus Stichwörtern bestehen?	❑	❑

Wenn Sie fünfmal mit Nein gestimmt haben, überblättern Sie bitte die nächsten Seiten. Andernfalls will ich Sie bei der Beantwortung dieser Fragen ein wenig zum Nachdenken anregen.

Möglichst lange vorbereiten?

Das kann richtig sein. Das kann aber auch dazu führen, daß Sie sich verzetteln, in Einzelheiten verlieren, Ihre Motivation nachläßt und damit Ihre innere Überzeugungskraft.

Es hängt davon ab, wie lange Sie sich schon mit diesem Thema beschäftigt haben, wieviel Material Sie bereits gesammelt haben. Mein Tip: **Arbeiten Sie lieber einige Tage intensiv als sechs Wochen mit Unterbrechungen.** Schieben Sie lieber vor dem Tag X noch zwei Probevorträge ein, und versuchen Sie, aus den Fehlern und Ungereimtheiten zu lernen, als sechs Wochen mit Zweifeln und Skrupeln schwanger zu gehen.

Eine Rede »sine ira et studio« entwerfen?

Also »ohne Zorn und Eifer«? Genau davon würde ich Ihnen abraten. Prüfen Sie doch einmal selbst, wann Sie am besten reden können: wenn Sie aufgeregt sind, wenn Ihnen eine Sache wirklich am Herzen liegt, wenn Sie Ihren Zorn loswerden wollen. **Gerade ein Schuß Wut, Ärger, Zorn verleiht Ihnen die rechte Wortgewalt,** läßt die Gedanken viel schneller sprudeln und bringt Sie selbst viel schneller in Fahrt – noch bevor Sie anfangen, an Ihrem Bleistift zu kauen. Glätten Sie alle Emotionen, unterdrücken Sie jede Gefühlsregung, und der Lohn werden wohlabgewogene Langeweile und behutsame Sterilität sein. Ihre Zuhörer werden Sie damit kaum begeistern!

Eine Rede logisch aufbauen?

Natürlich sollen Sie logisch denken und handeln, dem Zuhörer klarmachen, von welchen Voraussetzungen Sie ausgehen, ihm immer wieder den roten Faden Ihrer Rede aufzeigen. Aber ein Redemanuskript zuerst mit der Einleitung zu beginnen, wie weiland den Schulaufsatz, ist unlogisch. Wie sollen Sie denn, wenn Sie sich zum erstenmal mit Ihrer Rede beschäftigen, mit der Einleitung zum Hauptteil hinführen können, wenn Sie zu diesem Zeitpunkt noch gar nicht wissen, wie Ihr Hauptteil aussehen wird, welche Beweise, Argumente und Beispiele Sie bringen werden? Warum wollen Sie am Anfang krampfhaft nach einer Einleitung suchen, die Ihnen – wenn Sie Ihr Thema richtig kennen – fast von selbst in den Schoß fällt? Nein! Springen Sie mitten in Ihr Thema hinein. Beginnen Sie mit dem, was Ihnen gerade einfällt, mit dem, was Ihnen schon vorliegt – mit Zeitungsausschnitten, Literaturauszügen, Anekdoten. Auch die Zuhörer sind weit weniger an Ihrer glasklaren Logik als an einer frischen, lebendigen, von originellen Einfällen und Ideen sprudelnden Rede interessiert. Deshalb: **Gehen Sie auf Ihre Zuhörer ein. Aber nicht logisch, sondern »psycho-logisch«.**

Keine Rede länger als eine Stunde?

Tucholsky soll einmal gesagt haben: »Ein Redner darf über alles reden, nur nicht über eine Stunde.« Das klingt gut, und deshalb wird es mit Variationen zwischen 30 und 90 Minuten auch immer wieder gern empfohlen. Doch ohne die genaueren Umstände zu berücksichtigen, ist dieser Satz genauso ein Pauschalurteil wie die anderen. Denn die Redezeit sollte immer davon abhängen, was Sie bei Ihren Zuhörern erreichen wollen. Wenn Sie zum Beispiel informieren wollen, dann sehen Sie sich bitte das Testergebnis an, das George E. Miller, der Direktor des Center of Educational Development, ermittelte. Er wollte wissen, welche Redezeit für die Informationsaufnahme und

-speicherung optimal ist. In seinem Experiment ließ er eine Gruppe Studenten nur eine Viertelstunde lang sein insgesamt 45 Minuten dauerndes Referat anhören. Eine zweite Gruppe ließ er eine halbe Stunde und eine dritte Gruppe den ganzen Vortrag hören – wobei er die wichtigsten Informationen auf die erste Viertelstunde konzentriert hatte. Das Ergebnis: Nach einer Woche wußte die erste Gruppe noch doppelt soviel vom Inhalt des Vortrags wie die dritte! Miller folgerte daraus: **Das Aufnahmevermögen für Informationen ist optimal während der ersten Viertelstunde und nimmt dann rapide ab.** Es ist also keinesfalls so, daß man die Zuhörer nur lange genug »bearbeiten« muß, um gute Gedächtnisleistungen zu erzwingen. Nur die allerwenigsten Zuhörer hören auf die Dauer noch aufmerksam zu. Selbst bei einem guten Dozenten – und das war das zweite Ergebnis dieses Tests – verbrachten die meisten Studenten mehr als die Hälfte der Vorlesungszeit mit Tagträumereien. Unser Fazit: Mehr als 15 Minuten Redezeit sind meistens schon zuviel und weniger als 90 Minuten in »begnadeten« Fällen noch zuwenig.

Bilder verstärken die Gedächtnisleistung?

Auch dieser Satz geistert immer wieder als Pauschalfeststellung durch die Lehrbücher. Schnell werden dann bunte Grafiken gezeichnet und erhöhte Erinnerungswerte angegeben. So soll jedermann von einer Mitteilung noch im Gedächtnis behalten:

10 % – wenn er sie nur gehört hat,
20 % – wenn er sie nur gesehen hat,
40 % – wenn er sie gehört und gesehen hat,
80 % – wenn er bei der Verfassung aktiv mitgewirkt hat.

Vorsicht! In diesen Pauschalangaben liegen gleich drei mögliche Fehlerquellen:

- Es wird nicht gesagt, um welche Art von Informationen es sich dabei handelt und mit welcher Exaktheit diese Mitteilungen wiedergegeben wurden (oder ob man sich bloß daran erinnert hat).
- Es wird nicht gesagt, für welche Art von Gedächtnis und für welchen Zeitraum diese Erinnerungswerte zutreffen. Wir unterscheiden heute immerhin drei verschiedene Gedächtnisstufen.
- Es wird nicht gesagt, daß die Voraussetzung für jede Gedächtnisleistung die bewußte Informationsaufnahme ist. Das heißt: Jeder Sinneseindruck (sehen, hören, begreifen) verbleibt nur dann länger als einige Sekundenbruchteile im Gedächtnis, wenn er »subvokalisiert« wird, also laut oder leise mit eigenen Worten und Assoziationen wiedergegeben wird.

  Ohne dieses bewußte Aufnehmen und Wiedergeben bleiben nur Informationsstücke, zufällige und unbestimmte Gefühlseindrücke zurück.

Napoleon hat die Gedächtnisleistung seiner Umwelt realistisch eingeschätzt, als er sagte: **»Ich kenne nur eine rhetorische Figur: die Wiederholung.«**

Kein wortwörtlich ausgearbeitetes Manuskript?

Ich habe einmal folgende Empfehlung gelesen: Formulieren Sie Ihr Redemanuskript wortwörtlich aus. Wenn Sie dann fertig sind, werfen Sie es in den Papierkorb und erarbeiten sich aus dem Gedächtnis ein Stichwortkonzept. Das klingt gut, klingt nach freier Rede. Nur – überlegen Sie bitte folgendes:

- Wie wollen Sie die Stärken und Schwächen Ihrer Rede analysieren, wenn Ihnen nach dem ersten Beifall oder Reinfall der Redetext nicht mehr vorliegt? Wie wollen Sie dann noch wissen, was gut war und was zu korrigieren ist?

- Warum wollen Sie sich Mehrarbeit machen und nochmals einen Stichwortzettel entwerfen? Markieren Sie doch einfach die wichtigsten Stichworte Ihrer Rede mit einem farbigen Leuchtstift. Lernen Sie Ihre Rede, und sprechen Sie dann so frei, daß ein Blick auf die Stichworte genügt, den Redefaden weiterzuspinnen.
- Warum wollen Sie auf die Sicherheit eines gut ausformulierten Textes verzichten? **Sicherheit bietet die erste Garantie für den Redeerfolg.** Sie verleiht dem Redner dasselbe Sicherheitsgefühl wie dem Autofahrer der Ersatzreifen oder der Reservekanister.

III Lernpsychologie und Gedächtnistraining

Für einen Redner ist es aus zwei Gründen wichtig, zu wissen, wie das Gedächtnis »funktioniert«. Einmal, um zu erfahren, wie er seine eigene Gedächtnisleistung steigern kann – als Voraussetzung für die freie Rede. Zum andern, um zu erfahren, auf welche Weise die Zuhörer seine Informationen aufnehmen und speichern.

Was für ein Lerntyp sind Sie?

Die erste Frage, die uns beschäftigt, ist: Wie nimmt der Mensch neue Informationen auf? Wie lernt er? Gibt es verschiedene Lernmethoden? – Von der Beantwortung dieser Fragen hängt der Erfolg Ihrer Vortragsweise ab. In der Lernpsychologie unterscheidet man **vier verschiedene Lerntypen,** also vier unterschiedliche Methoden, mit denen die Menschen am schnellsten neue Informationen aufnehmen:

1. Lernen durch abstrakte Darstellungen und Formeln, also rein **intellektuell**
2. Lernen durch Sehen und Beobachten, also **visuell**
3. Lernen durch Hören und Sprechen, durch die Kommunikation mit anderen, also **auditiv**
4. Lernen durch Anfassen, Fühlen, Begreifen, also **haptisch**

Haben Sie Ihren eigenen Lerntyp in diesen vier Lernmethoden wiedererkannt? Dann überlegen Sie doch bitte einen Augenblick, welche Lerntypen Sie bei einer Rede ohne Diskussion, ohne Zeichnungen und Bilder, ohne Modelle zum Anfassen ansprechen. Praktisch nur einen: den abstrakten, den intellektuellen Lerntyp; den Lerntyp, der bei uns seit Jahrhunderten – seitdem es Katheder und Schulbänke gibt – einseitig bevorzugt wird.

Welchen Schluß sollten wir daraus für unsere Vortragsweise ziehen? – Wenn Sie schon einen Vortrag ohne Diskussion und Bildmaterial halten (müssen), dann soll zumindest Ihre Sprache so »bildhaft«, so »dialogähnlich«, so »begrifflich« wie möglich sein, damit auch die nichtintellektuellen Lerntypen von Ihrer Vortragsweise angesprochen werden.

Wie funktioniert das Gedächtnis?

Jede Information, die den Zuhörer erreicht, wird nicht einfach behalten oder vergessen, sondern sie verweilt in drei unterschiedlich langen Gedächtnisspeichern.

1. Das Ultra-Kurzzeitgedächtnis

Alle Sinneswahrnehmungen, die durch das Auge, das Ohr oder die Haut »ankommen«, kreisen zunächst einmal in Form von elektrischen Schwingungen in unserem Gehirn. Sie klingen nach Sekundenbruchteilen wieder ab, wenn sie nicht mit **bewußter Aufmerksamkeit** aufgenommen werden. Das heißt: wenn sie nicht mit besonderem Willenseinsatz (»Ich will mir das merken«) festgehalten und gleichzeitig mit eigenen Worten laut oder leise wiederholt (= subvokalisiert) werden.

Ein Autofahrer, der die Straße entlangfährt, wird eine Fülle von Informationen aufnehmen – Häuser, Autos, Fußgänger, Ampeln –, die er jedoch sofort wieder »vergißt«, weil er sie nicht bewußt (mit Willenseinsatz) registriert hat.

2. Das Kurzzeitgedächtnis

Durch das bereits erwähnte »Subvokalisieren« (das laute oder leise Wiederholen einer Nachricht mit eigenen Worten) werden neue Informationen vor dem »Verlöschen« im Ultra-Kurzzeitgedächtnis bewahrt. Der nächste Gedächtnisspeicher ist das Kurzzeitgedächtnis, das neue Informationen nach spätestens 20 Minuten wieder »vergißt«, wenn sie nicht mit schon bekannten Gedächtnisinhalten assoziiert und verknüpft werden (z.B. in Form von Bildern).

3. *Das Langzeitgedächtnis*

Das Langzeitgedächtnis behält nur dann neue Informationen auf die Dauer, wenn sie mit schon vorhandenen Gedächtnisinhalten assoziiert und verknüpft werden, wenn sie bestimmten Ordnungskategorien zugeordnet werden, wenn sie mit Superzeichen (= abrufbereiten Wiedererkennungsbegriffen) versehen und öfters angewendet oder wiederholt werden.

Besonders gefördert wird der Merkvorgang, wenn Sie mit hoher Motivation lernen (»Ich brauch das unbedingt ...«) oder in einer starken emotionalen Spannung (»Denen werde ich es zeigen!«).

Die Bildung der Gedächtnisinhalte wird in Form von Proteinablagerungen – also in stofflicher Form – vollzogen. Jetzt verstehen Sie auch, warum alte Leute sich oft noch haargenau an ihre Kindheitserlebnisse erinnern können, aber Schwierigkeiten haben, sich an die Absprachen vor einer Stunde zu erinnern. Des Rätsels Lösung: Im Alter läßt die Proteinsynthese nach, mit der die Wahrnehmungen im Langzeitgedächtnis verfestigt werden.

Noch ein Ergebnis aus der Gedächtnisforschung ist für Sie wichtig: Der Mensch speichert nicht nur *Informationen* (z.B. die erste Fußballweltmeisterschaft für Deutschland 1954 in Bern nach dem 3:2-Sieg über Ungarn), sondern auch die *Gefühle*, die bei der Informationsaufnahme gerade vorhanden waren (z.B. Enttäuschung, dann grenzenlose Begeisterung).

Daß die von positiven Gefühlen untermauerten Informationen wesentlich länger im Gedächtnis bleiben, ist für Sie in zweifacher Hinsicht wichtig: Einmal: Wenn Sie etwas lernen müssen, versuchen Sie sich positiv zu motivieren (z.B. für jeden erfolgreich abgeschlossenen Lernschritt zu belohnen). Zum andern: Wenn Sie selbst unterrichten oder lehren, versuchen Sie Ihre Zuhörer in eine freundliche, angenehme, vertrauensvolle Lernstimmung zu versetzen. Ein Redner, der schon durch sein äußeres Erscheinungsbild oder sein arrogantes Auftreten die Zuhörer »verstört«, schafft die denkbar schlechteste Basis für die Aufnahme seiner neuen Informationen. Denken Sie bitte daran: **Was dem Gefühl mißfällt, wird nie den Verstand erreichen!**

Die praktische Anwendung

1. Wie können Sie die Aufnahmefähigkeit Ihrer Zuhörer steigern? Jeder Lerntyp sollte in Ihrem Vortrag auf seine Kosten kommen:

   - Für den **intellektuellen** Zuhörer packen Sie Ihre Kerngedanken in logische Formeln und entwickeln Voraussetzungen und Folgen an einem theoretischen Modell.
   - Für den **visuellen** Lerntyp demonstrieren Sie mit Bildern, Grafiken und Zeichnungen, zumindest mit »bildhaften« Vergleichen.
   - Für den **auditiven** Lerntyp diskutieren Sie oder handeln wichtige Textstellen auch einmal in Form von Rede und Gegenrede ab, zumindest in Form der rhetorischen Frage.
   - Für den **haptischen** Lerntyp zeigen Sie Modelle (möglichst bewegliche) oder erklären schwierige Vorgänge so exakt und genau, als würden Sie ein Experiment beschreiben.

2. Wie können Sie die Gedächtnisleistung Ihrer Zuhörer steigern? – Denken Sie daran: Was für den einen längst bekannt ist, hört der andere zum erstenmal.

   - **Motivieren** Sie Ihre Zuhörer! Sagen Sie Ihnen schon mit den ersten Sätzen, warum das Thema für sie wichtig, aktuell, interessant und vorteilhaft ist!

- Machen Sie Ihre Zuhörer **neugierig**! Weisen Sie auf ein Geheimnis hin, das Sie enthüllen werden, auf ein »Rezept«, das ihnen helfen wird, auf eine wichtige Erkenntnis.

- Gewinnen Sie das **Vertrauen** der Zuhörer durch die Betonung von Gemeinsamkeiten. Stellen Sie eine positive Atmosphäre her, indem Sie auf jede Aufdringlichkeit, Überheblichkeit und Besserwisserei verzichten.

- Bieten Sie neue Informationen nur in **kleinsten Mengen** an. Kündigen Sie diese neuen Informationen vorher an. Machen Sie nach jeder neuen Information für Sekunden eine Pause, damit die Zuhörer das Gehörte verarbeiten können.

- Bieten Sie mit neuen Informationen zugleich **Bilder** und **Assoziationen** an, die die Vorstellung anregen. Verknüpfen Sie die neuen Informationen mit bekannten Gedächtnisinhalten. Geben Sie den Zuhörern Hilfen, mit denen sie die neuen Informationen richtig einordnen können.

- **Vermeiden** Sie **Fremdwörter,** die zu Stolpersteinen werden können, die den Gedanken- und Assoziationsfluß sowie den Vorgang der Gedächtnisspeicherung unterbrechen können.

- **Wiederholen** Sie durch Teil- und Gesamtzusammenfassungen die wichtigsten neuen Informationen – wenn möglich in Form von einprägsamen Leit- und Merksätzen! Zeigen Sie den Zuhörern den roten Faden auf: Was sie bereits gehört haben und was sie noch hören werden!

Wie merkt man sich eine Rede?

Für das »Auswendiglernen« einer Rede gibt es verschiedene Systeme. Allen ist jedoch eins gemeinsam: Die einzelnen Schritte werden in »Bilder« übersetzt und durch ein bestimmtes Ordnungssystem nacheinander aufgereiht wie die Perlen auf einen Rosenkranz.

Wichtig ist für Sie, daß Sie einmal wissen, was für ein »Lerntyp« Sie sind, und zum andern, daß Sie sich dann für ein persönliches Merksystem entscheiden und es für sich ausbauen.

Ich stelle Ihnen jetzt drei solche Merksysteme vor, die relativ einfach sind und die ich mit Erfolg in Rhetorikseminaren und auch selbst verwende:

1. Assoziationskette

Die Handhabung ist sehr einfach: Die einzelnen Stichworte Ihres Referats werden in möglichst dramatische und farbige Bilder »übersetzt« und durch den roten Faden einer (auch an den Haaren herbeigezogenen) Handlung verbunden.

Vorteil: kein Erlernen eines speziellen Merksystems
Nachteil: leichter zu vergessen, schlechtere Abrufbarkeit der Einzelbilder.

2. Symbol-Merksystem

Sie merken sich – je nach Bedarf – 10, 20 oder 50 Symbole, die für die einzelnen Zahlen gelten und damit für die richtige Reihenfolge Ihrer Stichworte. Jedes Stichwort verarbeiten Sie mit dem jeweiligen Zahlensymbol zu einem aussagekräftigen Bild. Das Lernen des Merksystems geht um so leichter, je mehr das Symbol Ähnlichkeit mit der Zahl hat. Meine Symbol-Zahlenreihe lautet: 1 = Leuchtturm, 2 = Zweirad, 3 = Dreizack, 4 = Boxring, 5 = Fünf Finger (Hand), 6 = Würfel, 7 = Siebenarmiger Leuchter, 8 = Brille, 9 = Neun Kegel, 10 = Zehn Zehen, 11 = Elf Fußballspieler (Mannschaft), 12 = 12 Uhr …

Unter der Überschrift »Ein praktisches Beispiel für eine 5-Punkte-Gliederung« sehen Sie im folgenden Abschnitt ein Kurzreferat und auf den Seiten 41 ff., wie man sich dieses Referat mit dem Symbol-Merksystem merken kann.

Vorteil: relativ einfach, genaue Abrufbarkeit
Nachteil: beschränkte Bildhaftigkeit und Umsetzungsfähigkeit

Ein praktisches Beispiel für eine 5-Punkte-Gliederung

Thema	**»Rationalisierung – der Sündenbock für alles?«**
Interesse	Wußten Sie, daß trotz des kräftigen Anstiegs der Lohnquote in den letzten Jahren die Rationalisierungsinvestitionen, gemessen am Umsatz, heute sogar wesentlich niedriger liegen als in den sechziger Jahren?
Kerngedanke	Es ist unsinnig, die Rationalisierung zu verteufeln und zum alleinigen Sündenbock für die augenblickliche Wirtschaftslage zu machen.
Begründung	Zum einen: Was hat denn die Unternehmer fast dazu gezwungen zu rationalisieren? – Das waren einmal die ständig steigenden Lohnkosten, die im Jahr 1976 einschließlich der Lohnzusatzkosten auf 17 Mark und damit auf Platz 1 in der Weltrangliste geklettert sind. – Das waren zum andern die ständigen Aufwertungen der DM auf den internationalen Devisenmärkten. Wir müssen rationalisieren, weil man in einem Hochlohnland ohne nennenswerte Rohstoffreserven nicht weiter wettbewerbsfähig produzieren kann – wenn nicht gleichzeitig die Produktivität gesteigert wird. Der wissenschaftliche Beirat beim Bundeswirtschaftsministerium hat in einem Gutachten ganz klar zum Ausdruck gebracht, daß bei gleichbleibender Erwerbsbevölkerung und Arbeitszeit das Realeinkommen je Kopf nur dann

erhalten werden kann, wenn Rationalisierungsinvestitionen vorgenommen werden.

Vorteile Ohne Rationalisierungsinvestitionen sind Produktivitätssteigerungen als eine der wichtigsten Voraussetzungen für einen weiteren Einkommensanstieg oder eine weitere Verringerung der Arbeitszeit bei vollem Lohnausgleich nicht möglich.

Ohne Rationalisierung und technischen Fortschritt kann es keinen Konjunkturaufschwung und keine Vollbeschäftigung geben.

Rationalisierungen sind – das bitte ich zu bedenken – ja ebenfalls Aufträge an Investitionsgüterindustrien, an Baufirmen und Dienstleistungsfirmen.

Aufforderung Deshalb ist es falsch, die Rationalisierung heute zu verteufeln. Die Frage, die sich uns stellt, heißt nicht: Rationalisierung, ja oder nein? Sondern: Rationalisierung mit Maß und Ziel – zur Stärkung der Konjunktur und zur Sicherung der Arbeitsplätze von morgen!

Gedächtnismerksystem für die Stichworte einer Rede

»Rationalisierung – der Sündenbock für alles?«

1 = *Thema*

Neben einem »vollautomatischen« Leuchtturm wird ein Ziegenbock auf einem Altar ebenfalls »vollautomatisch« geschlachtet und geopfert (Sündenbock).

2 = *Interesse*

Auf einem Fahrrad sitzt ein Fragezeichen (»Wußten Sie ...?«). Das Vorderrad ist größer (steigende Lohnquote), zwischen den Speichen sind Geldscheine festgeklemmt. Auf dem Gepäckständer steht ein großes U (Umsatz). Zwischen den Speichen ist ein Taschenrechner festgeklemmt (Rationalisierungsquote).

3 =  Auf einem Dreizack sind ein Teufel, ein Ziegenbock und ein Arbeitsloser aufgespießt (Verteufelung).

4 = *Begründung* .

Über einem Boxring hängt ein W (Warum ...?). In der einen Ecke des Boxrings steht ein fetter Boxer, der auf seinem Trikot eine 1 und darunter die Zahlen 17 und 76 stehen hat (Lohnentwicklung). In der anderen Ecke steht der Gegner, behängt mit einem Bleigürtel, aus dem zerfranste Geldscheine schauen (DM-Kursentwicklung).

5 =  Eine Faust hält ein großes M (Wir müssen ...!), während aus der Faust Sand rieselt (abbröckelnde Rohstoffreserven).

6 =  Auf einem Tisch werden immer schneller Würfel mit der Zahl sechs aufeinandergetürmt (Produktivitätssteigerung).

7 =  Einige Weise tragen einen siebenarmigen Leuchter, an dem ein Blatt Papier befestigt ist (Gutachten).

8 =  Einer der Weisen setzt sich eine Brille auf. Auf dem einen Brillenglas ist eine bestimmte Personengruppe (Erwerbsbevölkerung), auf dem anderen eine Uhr (Arbeitszeit), auf dem einen Bügel ein Hundertmarkschein (Realeinkommen), auf dem anderen ein Fünfhundertmarkschein befestigt (R-Investitionen).

9 = *Vorteile*

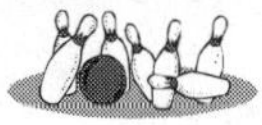

Auf einer Kegelbahn läuft eine Kugel (= O wie Ohne …) auf neun Kegel zu, von denen die 5 ersten von links nach rechts einen Buchstaben tragen: R(ationalisierungsinvestitionen), P(roduktivitätssteigerungen), E(inkommensanstieg), A(rbeitszeit), L(ohnausgleich).

10 =

Männer sitzen in Rollstühlen und bedienen sie mit den Zehen. Plötzlich nimmt jeder zwei Krückstöcke, die wie ein R und ein T gebogen sind (Rationalisierung und technischer Fortschritt) und steht auf (Konjunkturaufschwung und Vollbeschäftigung).

11 =

Auf einem Fußballplatz arbeiten 11 Fußballer jeder für sich … an einem Computer, einer Mauer …

12 = *Aufforderung*

Auf einer Turmuhr wird der zu schnelle kleine Zeiger gebremst (R. Mit Maß und Ziel) und der große Zeiger »beschwingt« (Stärkung der Konjunktur und Sicherung der Arbeitsplätze).

---

3. Ort-Merksystem

Ich habe ein relativ gutes Ortsgedächtnis. Darauf habe ich mir **mein persönliches Merksystem** aufgebaut. Ich merke mir bestimmte Ortsbilder bzw. bestimmte Gebäude/Ansichten in verschiedenen Orten; Orte, deren Reihenfolge ich einmal genau festgelegt habe. Will ich mir neue Informationen kurzfristig merken, übersetze ich sie zuerst in ein möglichst dramatisches, skurriles Bild und verknüpfe dann das Bild mit dem Ortsbild.

Die Reihenfolge der verschiedenen Orte bzw. Gebäudeansichten lautet:

1 Altötting
Rathaus

2 Burghausen
Gymnasium

3 Tittmoning
Salzachbrücke

4 Salzburg
Domplatz

5 Rosenheim
Heimatmuseum

6 Bad Aibling
Kurpark

7 Tegernsee
Schloßallee

8 Bad Wiessee
Hotel Rosenstöckl

9 Garmisch
Eisstadion

10 München
Odeonsplatz

Sie werden jetzt vielleicht drei Fragen haben:

1. Was machen Sie, wenn ein Nachrichtenblock oder ein Stichwort mehrere Informationen enthält?
   Dann »drehe« ich in jedem Ort noch einmal im Uhrzeigersinn eine Schleife. Das heißt: Ich habe in jedem Ort noch »Reservegebäude«.

2. Was machen Sie, wenn Sie sich nicht 10, sondern 20 neue Informationen oder Stichwörter zu merken haben?
   Mein Ortssystem umfaßt insgesamt 15 Städte (geht also noch weiter). Sollte ich trotzdem nicht damit zurechtkommen, obwohl ich alle Teilinformationen bereits mit dem jeweiligen Ort verknüpft habe, fange ich beim Ortsbild Nr. 1 (Altötting) wieder an: entweder bei den Reservegebäuden oder »neuen« Stadtteilen.

3. Verwischen sich die einzelnen Bilder nicht, wenn Sie sich etwas längere Zeit merken wollen, z.B. für das Langzeitgedächtnis?
   Richtig! Für das *Langzeitgedächtnis* ist diese Methode unbrauchbar:

a) weil sich die verschiedenen Bilder überlagern und damit verwischen,
b) weil die Zuordnungen und Verknüpfungen mit bestehenden Gedächtnisinhalten fehlen.

Dafür gibt es andere Systeme, die aber für unsere Aufgabe, sich die 20 oder 30 Stichworte einer Rede zu merken, zu zeitaufwendig sind.

Wie übt man sein Merksystem?

1. **Stellen Sie zuerst fest, welcher Lerntyp Sie sind.** Probieren Sie aus, was Sie sich am besten merken können: Formeln, Zeichnungen, Bilder, Orte, Ansichten, Gegenstände, Farben, Symbole ...

2. **Bauen Sie sich Ihr persönliches Merksystem auf:** entweder in der Form der Assoziations- und Bildketten oder indem Sie einzelne Symbole, Bilder, Farben, Ortsansichten ... in eine bestimmte Reihenfolge bringen, die Sie in Zukunft immer so einhalten werden.

3. **Üben Sie, bestimmte Informationen in Bilder,** in möglichst bunte, dramatische, surrealistische und phantasievolle Bilder umzusetzen. Am einfachsten ist es, Sie beginnen damit, sich eine Reihe zufälliger Stichworte durch bildhafte Vorstellungen zu merken (Briefmarke, Turm, Hose, Arm ...) und mit Ihrem »System« zu verknüpfen.

4. Zusätzliche Hilfen: Wenn Sie sich diese Bilder vorstellen, versuchen Sie, sich auch **an diese Bilder gefühlsmäßig** zu binden. Das heißt: sich bei den einzelnen »Bildern« zu freuen oder zu ärgern, zu schmunzeln oder Schadenfreude zu empfinden. Außerdem: Versuchen Sie, in diesen Bildern selbst etwas zu tun – sich in die Handlung miteinzubeziehen.

5. Versuchen Sie, ganze Informationsblöcke zu einem einzigen Bild, zu einem Stichwort zu verdichten. Dieses Stichwort nennt man ein **»Superzeichen«**. Es läßt sich im Gedächtnis besser speichern, ordnen und abrufen. Haben Sie keine Angst, daß durch die Bildung von Superzeichen Zusatzinformationen verlorengehen.

6. Übung: Setzen Sie sich eine bestimmte Zeit, um etwa 25 Stichworte zu »verarbeiten«. Machen Sie nach einigen Tagen die Kontrolle. Wiederholen Sie die Stichworte von vorn und von rückwärts. Mit etwas Übung sollte es Ihnen möglich sein, sich 60 Wörter in sechs Minuten sicher zu merken. Eine ausgezeichnete Übungsmöglichkeit bietet jeden Tag auch die Tagesschau im Fernsehen.

IV Der Aufbau einer Rede

Sie werden plötzlich dringend gebeten, ein Referat zu halten, zirka zwanzig Minuten lang. Absagen wollen oder können Sie nicht. Was tun? – Für einen solchen Notfall sollen Ihnen die folgenden Empfehlungen helfen:

Wie man einen »Expreß-Vortrag« aufbaut

1. Grundsätzlich, wie auch immer das gestellte Thema lautet, lassen Sie sich in der Kürze der Zeit auf **kein fachliches Neuland** ein. Bei eventuellen Zwischenfragen, Einwänden, Diskussionsbeiträgen werden Sie unweigerlich Schiffbruch erleiden. Auf mehr als einen »interessanten« Brückenschlag sollten Sie sich nicht einlassen. Das Risiko ist zu groß!

2. Versuchen Sie, mit den ersten drei Sätzen auf ein **bekanntes Terrain** zu kommen. So lächerlich es klingt, aber in der äußersten Not hilft hier nur die alte Prüfungsregel: Auf jeden Fall reden, aber nur über die eigenen Kenntnisse! Nach dem Motto: Wenn Sie die Insekten gut kennen und über die Elefanten sprechen sollen, beginnen Sie eben: »Die größten Feinde des Elefanten sind nicht die großen Tiere – die Löwen, Tiger, Nashörner. Nein! Es sind die kleinsten Tiere – die Insekten, die wir wie folgt unterscheiden …«

3. Bauen Sie Ihre Rede nicht logisch, sondern **psychologisch** auf. Suchen Sie in erster Linie nach interessanten Einzelheiten, Beispielen, Anekdoten, persönlichen Erfahrungen und Erlebnissen zu diesem Thema.

4. Besorgen Sie sich ein »populärwissenschaftliches« Buch, und filzen Sie es nach den **interessantesten Merksätzen,** Anekdoten und Storys durch. Schreiben Sie jede Einzelgeschichte auf ein einzelnes Blatt.

5. Versuchen Sie, anhand dieser Merksätze, Anekdoten, Erfahrungen einen **roten Faden** zu finden, und legen Sie Blatt für Blatt in der entsprechenden Reihenfolge hintereinander.

6. Ergänzen Sie die fehlenden Übergänge durch geschickte Fragen und »hartes« **Tatsachenmaterial**, das Sie zur Not aus dem Konversationslexikon entnehmen können.

7. Versuchen Sie jetzt, ein paar verblüffende **Brückenschläge** zu dem Fachbereich zu konstruieren, über den Sie sprechen sollten.

8. Beginnen Sie erst jetzt mit dem Wichtigsten – der Einleitung, der **Begründung** für Ihre Themenverfehlung. Begehen Sie keinesfalls den Fehler, sich irgendwie zu entschuldigen (»Ich hatte leider keine Zeit mehr …«), sondern schmeicheln Sie den Zuhörern, und kitzeln Sie ihre Neugierde:

   »Meine sehr verehrten Damen und Herren,
   ich weiß, vor welch fachkundigen Zuhörern ich heute spreche. Es ist mir auch völlig klar, daß unter Ihnen Experten sind, die von … weitaus mehr verstehen als ich. Eines ist mir jedoch aufgefallen, daß der Aspekt der … bisher in der Literatur fast völlig vernachlässigt wurde. Ich nehme deshalb gern diese Gelegenheit wahr, heute einen ersten Brückenschlag zu wagen …«

9. Ähnlich verfahren Sie mit dem Schluß. Versuchen Sie, wieder irgendeine **Brücke** zu dem ursprünglichen Thema zu finden. »Ich hoffe, meine sehr verehrten Damen und Herren, daß ich Ihnen zeigen konnte, wie vielfältig, wie mikroskopisch klein und doch beängstigend groß die Gefahren sind, die das Leben des afrikanischen Elefanten heute bedrohen …«

10. Denken Sie bei all Ihren Vorträgen, Referaten und Reden, wann immer Sie auf einer Bühne, einem Podi-

um stehen, an das Wort von Elmar Leterman: »Man kann praktisch alles auf einer Bühne tun, wenn man es nur so tut, als ob man nicht die leiseste Ahnung hat, daß irgend etwas falsch sein könnte an dem, was man tut.«

Zusammenfassung

- Lassen Sie sich nicht auf ein fachfremdes Thema ein.
- Suchen Sie nicht lange nach Theorien und logischen Gedankengebäuden, sondern nach Beispielen, Anekdoten, Geschichten, Erlebnissen, Merksätzen.
- Verbinden Sie diese Einzelgeschichten geschickt durch rhetorische Fragen und Tatsachen zu einem »logischen« Ganzen.
- Schlagen Sie sowohl bei der Einleitung als auch beim Schluß interessante oder verblüffende Brückenschläge zu dem eigentlichen Thema.

14 Stufen auf dem Weg zu einem Fachvortrag

Auch ein Fachvortrag wird grundsätzlich nicht anders aufgebaut als ein Kurzvortrag. Das heißt: Beginnen Sie mit dem Bekannten, mit dem vorliegenden Material. Erwärmen Sie damit Ihre Phantasie, denken Sie über persönliche Erlebnisse und Erfahrungen nach. Dann erst stellen Sie gezielte Fragen auf und suchen ebenso gezielt nach Literatur. Wiederum: **Beginnen Sie psycho-logisch und nicht logisch.** Die folgenden Stufen sollen Ihnen in der Praxis ein hilfreicher Leitfaden sein:

1. Arbeitstitel wählen

Lassen Sie sich bei der Themenvergabe nicht in das Prokrustesbett eines fertigen Titels spannen. Wählen Sie vorerst nur einen Arbeitstitel. Erst wenn Sie Ihr gesamtes

Material gefunden und durchgesiebt haben, entscheiden Sie sich für einen festen Titel.

2. Aktuelle Zeitungsartikel suchen

Suchen Sie sich zu Ihrem Thema aktuelle Zeitungs- und Zeitschriftenartikel. Versuchen Sie, daraus ein wenig den »Trend« abzulesen. Suchen Sie noch nicht systematisch nach Literatur und sonstigen Quellen.

3. Phantasie anfachen

Lesen Sie die Artikel durch, und gliedern Sie den Inhalt in einzelne Fragen auf. Notieren Sie sich auch alle Fragen, die Ihnen dabei spontan einfallen. Schreiben Sie jede Frage einzeln auf ein Blatt Papier, ebenso die Antworten, die Sie bereits gefunden haben.

4. Erste Gliederung

Ordnen Sie die bisher notierten Fragen und Antworten mit Blickrichtung auf eine erste Aussage. Folgende Fragen haben sich als Gliederungskonzept bewährt:

- Warum ist dieses Thema aktuell, wichtig, interessant?
- Wie war die Entwicklung bis heute?
- Wie sieht die Situation heute aus?
- Welche Konsequenzen/Folgen ergaben sich aus dieser Entwicklung?
  Negativ: Gefahren, Bedrohungen, Schäden, Ängste …
  Positiv: Hoffnungen, Chancen, Lösungen, Möglichkeiten…
- Wie lassen sich diese Konsequenzen beweisen?
  Tatsachen, Statistiken, Grafiken, Aussagen, Literatur …
- Welche Tendenzen zeichnen sich für die Zukunft ab?
- Was ist zu tun? – Vorteile und Nachteile

- Wie können wir vorgehen?
  Appell, Aktionsplan, Forderungskatalog …

5. *Gezielte Suche nach Fragen, Beweisen und Beispielen*

Gehen Sie noch einmal Ihr erstes Gliederungskonzept durch. Welche Fragen fehlen noch? Welche Beweise, Tatsachen und Aussagen fehlen noch? Notieren Sie sich alles, wofür Sie verbindliche Antworten brauchen.

6. *Gezielte Suche nach Tatsachenmaterial*

Jetzt erst – mit dem Gliederungskonzept im Kopf – suchen Sie gezielt in Fachbüchern, Fachzeitschriften, bei Fachverbänden und Instituten nach dem fehlenden Material.

7. *Persönliche Erlebnisse, Meinungen, Anekdoten*

Durchforschen Sie Ihr Leben nach Erfahrungen, die Sie persönlich zu diesem Thema gemacht haben: Erfahrungen zu Hause, im Betrieb, in der Schule, auf der Universität, beim Bergsteigen … Begründen Sie damit Ihre persönliche Meinung.

8. *Thema diskutieren*

Diskutieren und besprechen Sie Ihr Thema mit Kollegen und Bekannten. Übernehmen Sie nicht nur die Verteidigungsstellung. Übernehmen Sie auch die Rolle des eigenen Kritikers.

9. *Fachleute interviewen*

Begnügen Sie sich nicht mit dem toten Wissen aus Büchern und Statistiken. Nehmen Sie auch Kontakt zu den Autoren, zu Fachleuten und Praktikern auf. Fragen Sie sie gezielt um ihre Meinungen zu bestimmten Problemen.

10. Endgültige Gliederung

Bringen Sie nun Ihr gesamtes Material in die richtige Reihenfolge. Zuletzt schreiben Sie alle Gliederungspunkte auf eine Seite – zur besseren Übersicht. Und erst jetzt, wenn Sie den Tenor Ihrer Rede kennen, formulieren Sie Einleitung und Schluß.

11. Erster Probevortrag

Schreiben Sie noch keinesfalls Wort für Wort Ihr Manuskript, sondern versuchen Sie zunächst, den Wissensstoff zu beherrschen. Sprechen Sie mit Hilfe Ihrer gut geordneten Stichwortzettel (Fragen und Antworten) zu einem wohlmeinenden Zuhörer über Ihr Thema. Das bringt Ihnen folgende Vorteile: Bevor Sie schreiben, kennen Sie schon Ihren Stoff. Während des Vortrages werden Ihnen neue Gedanken kommen. Nützen Sie die Phantasiequelle des Sprechdenkens. Sie merken außerdem, wie gut oder »holprig« Ihre Beweise und Beispiele »klingen«. Sie bekommen ein erstes Zeitgefühl für Ihre Rede. Sie bereiten sich darauf vor, »sprechgerecht« zu schreiben und nicht in Schulaufsatzmanier. Sie sind bereits im »Rederhythmus«. Sie erhalten von Ihrem Zuhörer ein notwendiges Urteil über Inhalt, Aussage und Vortrag Ihrer Rede.

12. Manuskript wörtlich ausformulieren

Lassen Sie einen breiten Rand für spätere Einfälle, Regieanweisungen etc. Beschreiben Sie jedes Blatt Papier nur einseitig. Lesen Sie die einzelnen Passagen immer wieder laut vor, damit Sie hören, wie es »klingt«, und damit Sie nicht unbewußt in den Stil Ihrer Geschäftskorrespondenz fallen.

13. Zweiter Probevortrag

Versuchen Sie jetzt, die Rede zu »lernen«. Markieren Sie dazu die wichtigsten Stichwörter mit einem farbigen Leuchtstift. Das erleichtert ebenso die Gedächtnisarbeit wie das spätere Vom-Blatt-Lesen. Versuchen Sie, bei diesem zweiten Probevortrag trotz des wortwörtlich ausgearbeiteten Manuskripts soviel Augenkontakt aufrechtzuerhalten wie möglich. Üben Sie das Ablesen von Stichworten. Halten Sie erneut eine Manöverkritik ab. Unter Umständen geben Sie den Zuhörern einen Beurteilungsbogen (siehe S. 146) in die Hand. Kontrollieren Sie noch einmal das Zeitmaß, und beginnen Sie dann mit dem letzten Ausfeilen.

14. Letzte Überarbeitung

Nach Ihrem zweiten Probevortrag und den notwendigen Korrekturen legen Sie Ihr Manuskript für eine Woche zur Seite. Danach nehmen sie es sich nochmals vor, lesen es laut vor und achten auf alle Ungereimtheiten, eckigen Stellen, holprigen »Anschlüsse«, auf unverständliche Fremdwörter und schiefe Vergleiche. Die Kapitel »Rhetorische Stilmittel« (S. 64ff.) und »Ohne Gefühlsansprache keine Tiefenwirkung« (S. 87ff.) werden Ihnen dabei gute Dienste leisten.

Ein letzter Ratschlag:

Vielleicht werden sich einige Leser fragen, warum ich bei dieser Anleitung so pedantisch ins Detail gehe. Eine Anekdote soll den Grund verdeutlichen: Auf einer gottverlassenen Bahnhofsstation fährt ein Reisender den Bahnhofsvorstand wütend an: »Seit zwei Stunden warte ich bereits auf den Eilzug. Zwei Stunden Verspätung – ich möchte nur wissen, warum Sie eigentlich noch einen Fahrplan haben!« – »Damit wir wissen, wie groß die Verspätung ist«, antwortete der Bahnhofsvorstand.

Den gleichen Zweck verfolgen auch diese 14 Regeln. Sie sollen Ihnen als eine Art Checkliste helfen, keinen Punkt zu übersehen. Und sie sollen Ihnen auch helfen, den Fehler zu finden, wenn es einmal nicht so geklappt hat.

Vier Fallstricke beim Aufbau einer Rede

1. Stoffsammlung

Ein Übermaß an Stoff bekommt keiner Rede gut. Denken Sie bitte daran: Die Mehrzahl der Zuhörer will zuerst unterhalten und dann erst informiert werden. Die gelungene Kombination von beidem ist die Zauberformel, die ankommt – die **»Botschaft mit Humor«.**

Deshalb: Verwenden Sie wesentlich mehr Zeit auf alles, was Ihre Rede lebendig, unterhaltsam, humorvoll und persönlich macht, als auf die Jagd nach trockenen und bald überholten Informationen. Arbeiten Sie lieber einen Gedanken lebendig und originell heraus, als daß Sie zehn aufgelesene Gedanken nur wiederkauen.

> *Lieber einen tüchtigen Nagel fest einschlagen als ein paar Reisnägel lose hineinstecken*
>
> Spurgeon

Der praktische Tip:

Für jedes größere Stichwort nehmen Sie eine Klarsichthülle, in der Sie alle Zeitungsartikel, Zeitschriftenartikel, Fotokopien und interessanten Buchauszüge sammeln. Obenauf legen Sie eine Leitkarte, auf der Sie das Stichwort vermerken, und darunter ebenso stichwortartig, was Sie bisher gesammelt haben. So erhalten Sie schon bei der Materialsammlung eine erste Gliederung und Übersicht.

2. *Stoffauswahl*

Der Besitztrieb des Menschen ist oft sein größter Feind, sich klar und einfach auszudrücken. Wer schon stoßweise Material gesammelt hat, wer vielleicht auch schon einige Gedanken aufgeschrieben hat, der gibt eher seine Überzeugungen preis als dieses wertvolle Gedankengut. Alles, aber auch alles muß dann dem Zuhörer mitgeteilt werden. Haben Sie Erbarmen mit Ihren Zuhörern! Und wenn Sie kein Erbarmen kennen, haben Sie Angst davor, zu langweilen – Voltaire sagt dazu:

> *Das Geheimnis zu langweilen besteht darin, alles zu sagen*

Der praktische Tip:

Stellen Sie bei der Stoffauswahl Prioritäten auf. Am wichtigsten sind Ihre eigenen, persönlichen Gedanken, dann die originellen Brückenschläge zu der Situation der Zuhörer, dann Beispiele, Beweise, Anekdoten, Erlebnisse und Erfahrungen und erst zum Schluß die sogenannten harten Tatsachen.

Was bleibt übrig?

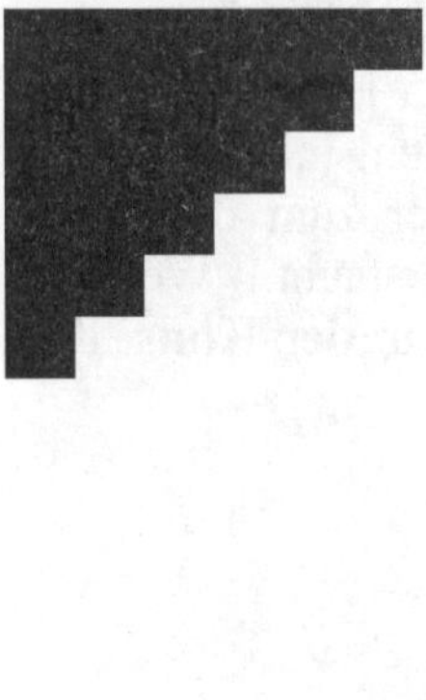

Was der Redner sagte
Was die Zuhörer hörten
Was die Zuhörer verstanden
Was die Zuhörer behielten
Was die Zuhörer anwendeten
Was die Zuhörer beibehielten

3. Redeziel

Ein witziger Mann schrieb einmal: »Wer nicht weiß, wohin er gehen will, kommt am weitesten«. Boshaft könnte man hinzufügen: Und er läuft noch heute …

Ähnlich ist es beim Reden. Wer kein Ziel hat, kann auch nicht treffen. Wer nicht weiß, was er bei seinen Zuhörern erreichen will, wird es nie erreichen. Bei meinen Rhetorikseminaren stelle ich fest, daß gerade dieser Punkt bei den Teilnehmern große Verwunderung auslöst. Weil sie nicht einsehen wollen, daß jede Rede ein ganz bestimmtes Ziel haben muß. Zum besseren Verständnis dienen mir drei Fragen und eine Anekdote.

Meine erste Frage an den Redner lautet: **»Welches Ziel wollten Sie mit dieser Rede bei Ihren Zuhörern erreichen?«** – Erstaunt sieht der Teilnehmer mich an und sagt dann: »Ich wollte meine Zuhörer über das und das informieren.« – »Wozu?« frage ich weiter. »Damit sie Bescheid wissen.« – »Und warum sollen sie Bescheid wissen?« – Hier geht ihm dann zum erstenmal das Licht auf, daß der Redner nicht nur Rechenschaft ablegen muß über den Inhalt seiner Rede, sondern auch über die Zeit seiner Zuhörer. Daß er wissen muß, was die Zuhörer mit seiner Rede anfangen können, wozu sie ihnen nützt.

Wenn Sie sich diese Frage nicht klar beantworten können, sollten Sie lieber schweigen. Zu Sokrates kam eines Tages ein Mann und wollte bei ihm das Reden lernen. Sokrates hörte ihm lange zu, dann sagte er zu dem jungen Mann: »Ich nehme dich als Schüler an – aber zum doppelten Preis.« – »Wieso?« fragte der Schüler erstaunt. »Weil ich dich in zwei Künsten unterweisen muß: **in der Kunst des Redens und … des Schweigens!**«

Der praktische Tip:

Noch bevor sie mit dem Aufbau Ihrer Rede beginnen, schreiben Sie sich in GROSSBUCHSTABEN das Ziel Ihrer Rede auf. Zum Beispiel:

ICH WILL MEINE ZUHÖRER DAZU BRINGEN, AM ENDE MEINER REDE EINE PETITION FÜR ... ZU UNTERSCHREIBEN!

Legen Sie dieses Ziel sichtbar vor sich auf den Schreibtisch.

4. *Themenformulierung*

Wenn Sie einer der ganz Großen sind, dann genügt vielleicht die Ankündigung, daß Sie demnächst zu sprechen geruhen. Etwa in der Form: STRAUSS SPRICHT. Für alle anderen Redner aber, die noch jeden einzelnen Zuhörer mit einem wohlwollenden Lächeln bedenken (müssen), ist die Themenformulierung nicht unwichtig. **Vorsicht vor allzu reißerischen Titeln!** Sie führen zu hohen Erwartungen und nicht selten zu Provokationen. Die Grundregel für Ihren Titel sollte sein: möglichst sachlich und kurz, mit ein bis zwei »Reizwörtern«. – *Fünf verschiedene Möglichkeiten* bieten sich dafür an:

- *Kontroverse*
  »Freiheit oder Sozialismus«, »Mitbestimmung oder Fremdbestimmung«, »Staatsbürokratie oder freies Unternehmertum«

- *Rezept*
  »10 Vorschläge für die Rationalisierung des Kleinbetriebs«, »Die Kunst der Gesprächsführung«

- *Motivansprache*
  »Das Erfolgsgeheimnis von Howard Hughes«, »Manipulieren – aber richtig«, »Der Weg zu gesunden Nerven«

- *Aktualität und Zeitprobleme*
  »Arbeitslosigkeit – ein ständiger Zukunftsalptraum?«, »Der Eurokommunismus auf dem Vormarsch«

- *Problemlösung*
  »Neue Absatzchancen in Entwicklungsländern«, »Wie können Kleinbetriebe ihre Kosten senken«, »Aktuelle Rechtsfragen heute«

Vier verschiedene Gliederungen

Eine Gliederung sollte nie Selbstzweck, sondern immer nur Hilfsmittel für den logischen Fluß der Rede sein. **Je mehr die Gliederung in den Hintergrund tritt zugunsten einer langsamen, aber stetigen Steigerung, um so direkter fühlt sich der Zuhörer angesprochen.**

1. Die antike Redegliederung,

die noch heute kaum etwas von ihrer Logik verloren hat, schreibt acht Stufen vor:

1. Wohlwollen der Zuhörer gewinnen
2. Gegenwärtige Situation darlegen (»Wie ist der Zustand?«)
3. Neue Möglichkeiten aufzeigen (»Was könnte statt dessen sein?«)
4. Vorschläge begründen
5. Mögliche Einwände vorwegnehmen
6. Tatsachen zusammenfassen
7. Zuhörer begeistern
8. Zur Tat aufrufen

Diese acht Punkte kehren in allen möglichen Gliederungen immer wieder. Eine Kurzfassung begnügt sich mit fünf Punkten:

2. Die Fünf-Punkte-Gliederung

I Interesse wecken
II Kerngedanken nennen
III Vorschläge begründen
IV Vorteile aufzeigen
V Zum Handeln auffordern

Ebenfalls in fünf Punkte gegliedert ist die

3. *Standpunktformel*

1. Adressierung	»Das geht euch an!«
2. Anknüpfung	»Alle, die ihr in diese Bürgerversammlung gekommen seid, um gegen die neue Autobahntrasse zu protestieren ...«
3. Behauptung	»Eine Autobahn ist der Tod für diese Wohngegend!«
4. Beweis	»Man rechnet mit einem Verkehrsaufkommen von xy Autos in der Stunde. Das bedeutet ...«
5. Appell	»Das dürfen wir auf gar keinen Fall zulassen! Deshalb ...«

4. *Eine ausführliche Gliederung*

– deren Fragen allein schon das Thema auflockern – stelle ich Ihnen hier vor:

Einleitung

Thema
Warum ist dieses Thema für die Zuhörer interessant, aktuell und wichtig?
Aufmerksamkeit
Womit gewinne ich die Aufmerksamkeit der Zuhörer?
Sympathie
Wie gewinne ich das Vertrauen der Zuhörer?

Hauptteil

Kerngedanke
Welches sind der Grund, der Zweck, das Ziel meiner Rede?
Situationsanalyse
Wie war die Situation in der Vergangenheit? – Wie ist die Situation heute? Welche Tendenzen zeichnen sich für die Zukunft ab?
Beweis
Anhand welcher Zahlen, Tatsachen, Beispiele, Vergleiche kann ich die Ergebnisse der Situationsanalyse untermauern?

Folgen
Welche positiven Folgen ergeben sich aus der Situationsanalyse: Hoffnungen, Chancen, Möglichkeiten, Gewinne …
Welche negativen Folgen ergeben sich: Gefahren, Bedrohungen, Probleme, Sorgen, Verluste …
Gefühlsansprache
Wie lassen sich diese positiven und negativen Folgen in möglichst bildhaften und gefühlsbetonten Worten »darstellen«?
Motivansprache
Welche Motive werden bei den Zuhörern durch diese Folgen berührt? Wie kann ich sie ansprechen?
Vorschläge
Was sollte anders sein? Was kann man in der Zukunft dafür tun? Wie können wir unser Ziel erreichen? Welche Möglichkeiten gibt es?
Einwände
Welche Vor- und Nachteile sind von diesen Vorschlägen zu erwarten? Welches Risiko ist damit verbunden. Wie groß ist die Chance der Verwirklichung?

Schluß *Aktion*
Wie gehen wir vor? Was ist zu tun? Wer soll was wann wie tun?
Appell
Zusammenfassung der PRO-Argumente. Aufforderung zum Handeln!

---

14 verschiedene Einleitungen

Der erste Eindruck entscheidet, der letzte bleibt! Das ist eine alte Weisheit. Die Einleitung ist zugleich Einstimmung. Der Zuhörer will nicht von einem »Fremden« überfallen werden. Viele Höflichkeitsgesten bei der Begrüßung gehen darauf zurück, einem solchen »Überfall« vorzubeugen: Wer den Hut zog, konnte nicht gleichzeitig das Schwert ziehen. Wie es einen Blickfang gibt, so gibt es auch einen Hörfang. In der Einleitung kommt es vor allem darauf an, ein gutes Verhältnis zu den Zuhörern zu gewinnen. Die folgenden Möglichkeiten sollen Ihnen dabei helfen:

1. Captatio benevolentiae

(= das Bemühen, Wohlwollen zu erlangen)

»Heissa, juchhei, dideldumdei; ja, da geht's hoch her, bin auch dabei.« So »lustig« springt der Kapuziner bei Schiller in Wallensteins Lager, obwohl er das wüste Treiben der Soldaten verabscheut. Aber er weiß, ohne von den Soldaten erst einmal akzeptiert zu werden, hat er keine Chancen, die Verhältnisse zu ändern.

2. Humor – Reim – Zitat

»Ich möchte da beginnen, wo Herr Dr. Gienow voriges Jahr aufgehört hat. Er sagte damals: Wenn man auf dem Weg in die oberen Etagen Pfingsten ins Parterre zieht, dann ändert das nichts daran, daß man Ostern noch im Souterrain gewohnt hat.«

3. Steigerung

»Vor zwei Jahren erhielten wir noch 10% Dividende, voriges Jahr nur mehr 5%, heuer gibt's gar keine mehr – und nächstes Jahr werden wir wohl noch etwas drauflegen müssen!«

4. Anknüpfung an Versammlungsort, Zuhörer, Situation

»In einem Grenzland kennt man die Bedeutung der Grenze …«

5. Erinnerung an die Prophezeiung im Vorjahr

»Als wir uns am 3. März vor einem Jahr hier an der gleichen Stelle getroffen haben, habe ich gesagt, daß das Rentenproblem beileibe kein ›Problemchen‹ ist. Jetzt wissen wir, was es in Wirklichkeit ist …«

6. Wiederholung

»Ich habe es schon vor einem Jahr gesagt, ich habe es auch vor sechs Monaten gesagt, und ich sage es heute wieder …«

7. Rückblick

»Wir blicken auf dieses vergangene Jahr gerne zurück, nicht im Zorn, sondern mit Dankbarkeit, auch mit einer gewissen Befriedigung und mit einem berechtigten Stolz …«

8. Gemeinsamkeit

»Reden wir nicht lange um den heißen Brei herum: Wir alle wissen, welche Bedeutung der Kernenergie zukommt; wir alle wissen, welche Gefahren damit verbunden sind; wir alle wissen, daß wir dagegen etwas unternehmen müssen …«

9. Überraschung

»Meine Damen und Herren, ist Ihnen bekannt, daß 70.000 Mitarbeiter unserer Firma Belegschaftsaktien erworben haben?«

10. Rhetorische Frage

»Es sieht nicht gut aus um unser Unternehmen. Wir haben in letzter Zeit viel Geld verloren. Das kann man einmal machen, das kann man zweimal machen ... aber wie lange will man das noch in die Zukunft hinein machen?«

11. Wortspiel

»Uns interessiert heute nur eine Frage: Wie hoch muß die Mutter Siemens haften, wenn die Tochter KWU ein Atomkraftwerk baut?«

12. Persönliches Erlebnis

»Ich erinnere mich noch genau, es war vor 36 Jahren, als ich am 1. August 1952 als junger Lehrbub in diesem Unternehmen anfing. Es war ein drückend heißer Sommertag, und meine erste Aufgabe war ...«

13. Aktuelles Ereignis

»Auch der neueste Bericht der Bundesanstalt für Arbeit beweist, daß in absehbarer Zeit die Zahl der Arbeitslosen nicht unter vier Millionen sinken wird. Ich frage die Verantwortlichen: Wie lange wollen Sie dieser Entwicklung noch tatenlos zusehen?«

14. Geschichte – Anekdote – Beispiel

»Meine Damen und Herren, wir haben heute schon eine ganze Menge guter Ratschläge gehört, aber ich habe einige Vorredner im Verdacht, eine ähnlich königliche Haltung hier an den Tag zu legen wie einst der französische König Franz I. Als dieser König wegen seines ausschweifenden Lebenswandels von einem Kardinal ermahnt wurde, daß ein König doch der Wegweiser für alle Untertanen seines Reiches sei, antwortete Franz I: ›Haben Sie schon einmal einen Wegweiser gesehen, der den Weg auch geht, den er weist?‹«

Rhetorische Stilmittel

Cicero sprach einmal davon, wie sehr er mit Erfolg »in seinen Farbtöpfen« gerührt habe, wie er mit allem, was er hatte – Syllogismen, Antithesen, Parabeln – seine Zuhörer entzückt habe. **So ähnlich sollten auch Sie die Rohfassung Ihres Redemanuskriptes durch rhetorische Stilmittel aufpolieren** und ein wenig zu Glanz und Raffinesse weiterentwickeln.

Die Antrittsbotschaft Präsident Kennedys bietet dafür ein ausgezeichnetes Beispiel. Sein langjähriger Mitarbeiter Schlesinger schrieb darüber: »Keine Kennedy-Rede wurde so oft umgeschrieben wie diese. Jeder Absatz und jeder Satz wurden immer wieder neu formuliert, überarbeitet und gekürzt. Die folgende Aufstellung zeigt, welche Aufmerksamkeit auch den Details und ihrer Formulierung zukam.«

Erster Entwurf

Wir feiern heute nicht den Sieg einer Partei, sondern das Symbol der Demokratie.

Jeder von uns, ob er ein Amt hat oder nicht, nimmt teil an der Verantwortung, diese schwierigste aller Gesellschaften auf den Weg der Selbstdisziplin und der Selbstregierung zu führen.

Zweiter Entwurf

Wir feiern heute nicht den Sieg einer Partei, sondern einen Konvent der Freiheit.

In euren Händen, meine Mitbürger, mehr noch als in den meinen, liegt der Erfolg oder der Fehlschlag unseres beschlossenen Kurses.

Wir begehen heute nicht den Sieg einer Partei, sondern ein Fest der Freiheit.

In euren Händen, meine Mitbürger, mehr noch als in den meinen, wird die Entscheidung liegen, ob unser Kurs zum Erfolg führt oder scheitert.

Bunte, anschauliche **Bilder, Anekdoten, Vergleiche** oder **raffinierte rhetorische Stilmittel** findet man in den täglichen Reden und Vorträgen unserer Wirtschaftsführer so spärlich wie heute Gold in der (einst goldführenden) Isar. Daß es aber keineswegs immer nur die nüchterne, zweckbestimmte Alltagssprache sein muß, zeigen die folgenden Beispiele, die ich teilweise in den Hauptversammlungs-Stenogrammen deutscher Aktiengesellschaften gefunden habe:

1. Gegensatz (Antithese)

»Zwischen den Absichten der Regierung und der Rechtsprechung der Gerichte besteht eine Divergenz. Hier muß Klarheit geschaffen werden: Entweder die Regierung gibt dieser Rechtsprechung nach, oder sie ändert die Gesetze. Eine andere Möglichkeit gibt es nicht.« (HV Siemens AG)

2. Bild (Metapher)

»Wenn man das so ansieht, dann galoppiert die Metallgesellschaft auf fünf Beinen. Sie ist damit also das berühmte Pferd mit dem fünften Bein, das so viele Leute suchen, aber nicht finden.« (HV Metallgesellschaft AG)

»Hätte Conti nicht so furchtbar viel Speck auf den Rippen gehabt, wären wir heute in einer ganz anderen Situation. Dann müßten wir uns nicht darüber unterhalten, wie gut es Vorstand und Aufsichtsrat gelungen ist, den Patienten von der Intensivstation wegzukriegen, sondern darüber, wann wir uns auf dem Friedhof zur Feier des Begräbnisses treffen sollten.« (HV Continental)

3. Überraschungstechnik

»Natürlich bin ich dafür, daß alle mitreden dürfen – sofern sie auch wirklich etwas zu sagen haben.«

4. Steigerung

»Wie steigert man Versprechungen? – Grundform: Versprechungen des Bräutigams auf dem Standesamt. Komparativ: Versprechungen von Politikern vor den Wahlen. Superlativ: Versprechungen des Managements vor Fusionen.« (HV Audi-NSU)

5. Humor – Ironie – Scherz

»Sie haben in Ihrem Geschäftsbericht mindestens 12 leere Seiten drin. Dabei haben Sie soviel auszusagen. Aber ich finde einfach, Papier ist zu teuer; und außerdem sollte man nicht unnütz Bäume fällen, wenn man Papier einsparen kann!« (HV Thyssen AG)

»Gestern erlebte ich zum erstenmal, wie auf ein gutes Wort auch gleich eine gute Tat folgte. Ich erhielt einen Brief mit einer hübschen 60-Pfennig-Sondermarke, auf der stand: Einer trage des andern Last. Dann verlangte mir der Briefträger 80 Pfennig ab – Strafporto.«

6. Kette mit Bildreihe

»Jedesmal, wenn die Regierung eine neue Autonorm erläßt, benimmt sie sich wie ein Elefant, der auf eine Wachtel tritt und dann den Schaden wieder gutmachen will, indem er sich auf ihr Nest setzt, um die Eier warmzuhalten.« (South Carolina Automobile & Truck Association)

7. Kreuzstellung (Chiasmus)

Vier Satzglieder werden kreuzweise einander gegenübergestellt: »*Es ist leicht,* über Motivation und Mitbestimmung *zu sprechen*, aber *sehr schwer*, sie erfolgreich *anzuwenden*!

»In guten Jahren Gewinne zu machen mag einfach sein; aber den Ertrag auch in schlechten Zeiten ständig zu erhöhen, das ist eine Leistung, die wir anerkennen müssen!« (HV Siemens AG)

8. Rhetorische Frage

»Alle Leute bekommen mehr – die Arbeitnehmer, die Angestellten, die Vorstände, die Aufsichtsräte. Wann bekommen auch die Aktionäre endlich einmal mehr?« (HV Klöckner Werke AG)

9. Wörtliche Rede

»Ich frage mich: War diese Entscheidung wirklich richtig, oder raufen wir uns in einigen Jahren die Haare und sagen: Hätten wir es besser gelassen!« (HV Klöckner Werke AG)

10. Denkanreiz

»Wissen Sie, warum die Rhetorik für Politiker ein solches Problem darstellt? – Mark Twain hat die Antwort darauf gefunden: weil es so schwierig ist, gleichzeitig zu reden und zu denken. Politiker entscheiden sich für eines von beiden.«

11. Bild

»Bei Hoesch werden Reformen aus dem dünnen Geldbeutel der Kleinaktionäre finanziert und auf dem Rücken der kurzarbeitenden Arbeitnehmer ausgetragen.« (HV Hoesch AG)

12. Übertreibung

»Mit Leder hat Mutter Natur Millionen Jahre experimentiert – was sind da zehn Jahre Erprobung von Synthetic-Materialien?« (Stimme aus der Schuhmacherbranche zur Jahresübersicht)

»Ein Pazifist ist einer, der sich totschießen läßt, um zu beweisen, daß der andere ein Aggressor gewesen ist.« (Ludwig Marcuse)

13. Wortspiel

»Mundwerker gibt es genug – was uns fehlt, sind Handwerker!«

»Sachverständige gibt es in Hülle und Fülle – wo aber gibt es Menschenverständige?«

Verschiedene Schlußformeln

Der Kerngedanke des Referats sollte noch einmal in einem einprägsamen Bild, einer leicht verständlichen Formel, in einem prägnanten Appell gesteigert und verdichtet werden.

1. Beschwörender Appell

»Wir werden deshalb alles tun, um das Andenken an König Ludwig II. zu pflegen, so wahr wir Bayern sind!«

2. Entweder-oder-Formel

»Wir haben keine andere Wahl, als zu rationalisieren oder aus dem Wettbewerb zu fliegen!«

3. Dramatische Steigerung

»Heute können wir noch darüber reden, morgen ist es zu spät, und übermorgen haben wir bereits die Katastrophe!«

4. Zusammenfassung

»Aus allem ergeben sich für uns drei wichtige Aspekte: erstens ... zweitens ... und drittens ...!«

5. Ausblick

»Wir stehen am Beginn einer neuen Ära. Wie wir uns heute entscheiden, wird unser Leben im nächsten Jahrtausend beeinflussen!«

6. Aufforderung

»Deshalb fordere ich Sie auf, diese Petition zu unterschreiben – im Namen der Humanität und der Freiheit!«

7. Wortspiel

»Denn der, der hier siegen will, darf nicht von der Vergangenheit gelenkt sein, von der Zukunft keine Ahnung haben und in der Gegenwart auf seinen Lorbeeren ausruhen.«

8. Nutzanwendung

»Wenn Sie diese Ratschläge beherzigen, werden Sie in Zukunft gesünder leben.«

9. Formel, Schlagwort, Zitat

»Wenn Sie morgen Ihr Kreuz machen, denken Sie daran: Sie entscheiden über das Schicksal dieses Landes – über Freiheit oder Sozialismus!«

Kurzgliederung eines Motivationsvortrags

Das folgende Beispiel zeigt Ihnen auf, wie ich auf ein bis drei Seiten eine Kurzgliederung meiner Vorträge erstelle. Das Grundprinzip lautet: **Pro Zeile nur ein Stichwort** in Großbuchstaben (plus einer eventuellen Anmerkung) schreiben. Das folgende Beispiel (S. 71) ist der erste Teil der Gliederung eines Motivationsvortrags, den ich gewöhnlich vor Verkäufern halte.

Das Thema entspricht meinem gleichnamigen Bestseller: *Kunden kaufen nur von Siegern!*

Insgesamt sind es zehn Punkte. Dazu einige Hinweise:

- Zum besseren Verständnis habe ich manches ausführlicher beschrieben. Auf jeden Fall sollte Ihr Ziel sein, wenn schon nicht frei, dann zumindest anhand solcher Stichworte auf maximal ein bis drei Seiten reden zu können. Das ist gleichzeitig der beste Beweis für Ihre Beherrschung des Themas.
- *W* bedeutet Witz. Bei jedem wichtigen Punkt sollten Sie eine lustige Geschichte oder Anekdote einflechten, um die Stimmung aufzulockern.
- *B* bedeutet Beispiel. Dieses *B* erinnert mich daran, zu jedem Punkt ein Beispiel (oder mehrere) aufzuführen.
- *Ü* bedeutet Übung oder aktive Teilnehmerbeteiligung. Auch das ist wichtig, um die Spannung und Aufmerksamkeit aufrecht zu erhalten.

Kunden kaufen nur von Siegern!

BEGRÜSSUNG: Dank, Anerkennung, Kompliment
DREI SIEGER-MERKMALE: kein Sieger-Auftreten ...
SIEGER-ERFOLGE: Warum verkaufen Sieger um 300 Prozent besser?
SIEGER-GEFÜHLE: hohes Selbstbewußtsein: »Ich kann gut verkaufen!«
W DIE VIER GRÖSSTEN FEINDE DES VERKÄUFERS
FÜNF MERKMALE DER TOP-VERKÄUFER: kein Warten, hohe Aufträge ...
DIE ENTSCHEIDENDE INTELLIGENZ: die Erfolgsintelligenz
W GRIZZLY
ZEHN SIEGER-EIGENSCHAFTEN

1. RESULTATSORIENTIERUNG
B Grewe
B Onnassis
Willkür statt Quote
Unterbewußte Programmierung
Entschlossenheit statt versuchen
W Kronleuchter

2. WILLENSEINSATZ
B Sokrates
B Nils Schumann
B Schmitt (Lehner-Haus)
W Zombie-Geschichte

3. SELBSTMOTIVATION
Ü Leistungsprofil
Entropie-Gesetz
B Chefarzt-Pharmareferent
Zehn Morivationsmethoden
Positive Erwartungshaltungen
W Weiterschlafen!

4. BERUFUNG
ÜBEREINSTIMMUNG: zwischen Aufgaben- und Charakterprofil
DREIFACHER GLAUBE: an sich, das Produkt und den Nutzen
B LUCKY STRIKE: Zigarettenpackung
W BEWERBER-ANZUG

Neben der Form der Gliederung sehen Sie an diesem Beispiel, wie man also auch einen Vortrag ganz bewußt »komponieren« muß, um **die richtige Mischung von Aussagen, Witzen, Beispielen und Übungen** zu bekommen.

Der praktische Tip:

Verlassen Sie sich bei einer Rede nicht auf Ihre Spontanität. Warum? Bei einer Rede stehen Sie meistens unter Streß. Und wenn Sie dann nicht genau die einzelnen Witze, Beispiele und Übungen festgelegt und sie kurz vorher noch einmal wiederholt, also ganz bewußt trainiert haben, dann tritt in der Regel folgendes ein: Entweder Sie vergessen den Witz, die Übung oder das Beispiel, oder Sie haben aufgrund der fehlenden Vorbereitung des Vortrags nicht den Mut, den Witz oder die Übung auch zu bringen. Es ist sehr leicht, einen Witz im lockeren Freundeskreis zu erzählen, aber es ist wesentlich stressiger, die richtige Pointe auch vor 300 Zuhörern abzuliefern. Da ist schon manchem Redner der Gag im Hals steckengeblieben, und statt Gelächter gab es bei den Zuhörern nur verlegenes Schweigen.

Deshalb: Alle Besonderheiten wie Witze, Gags, Anekdoten, Beispiele, Demonstrationen, Vorführungen müssen vorher genau festgelegt und kurz vor dem Vortrag noch einmal geprobt werden, damit auch alles stimmt.

V Grundregeln der Rhetorik

Keine Angst vor Lampenfieber!

Woher kommt eigentlich das Lampenfieber? Was kann man dagegen unternehmen? – Lampenfieber ist vor allem die Angst vor Unbekanntem, Ungewissem, Unvorhersehbarem. Es ist die Angst vor sich selbst und die Angst vor der Umgebung. Beide Ängste lassen bestimmte psychologische Barrieren entstehen – nach dem Motto: »Das kann ich nie!« oder »Das wird die größte Blamage meines Lebens.« Solche psychologischen Barrieren sind ganz besonders im Hochleistungssport zu beobachten. Es gibt bestimmte »Schallmauern«, also Superrekorde, die halten jahrzehntelang. Plötzlich gelingt es einem, wie seinerzeit dem englischen Mittelstreckler Roger Bannister, die Meile unter vier Minuten zu laufen, und der Bann ist gebrochen. Was jahrzehntelang keinem einzigen gelang, gelingt dann auf einmal gleich mehreren.

Das Lampenfieber die Angst vor öffentlichem Auftreten – kann also

1. persönlichkeitsbedingt und
2. umweltbedingt sein.

Zu den **persönlichen Hemmungen** zählen solche Angstbarrieren wie: »Das werde ich nie schaffen.« »Ich kann das nicht.«, »Mir bleibt bestimmt die Stimme weg.« »Ich werde ganz schwindlig dabei.«

Zu den **Umwelthemmungen** zählen die Angst vor den Zuhörern (»Die akzeptieren mich nie«), vor dem Raum (»In so einem großen Raum habe ich noch nie gesprochen«), vor der Publikumsreaktion (»Die lachen mich doch aus«).

Daß das Lampenfieber keine Eigenschaft ist, die man hat oder nicht hat, beweist die Erfahrung, daß Redner, die es gewohnt sind, vor 20 oder 30 Leuten zu sprechen, in dieser Situation natürlich kein Lampenfieber mehr haben, sollen sie aber plötzlich vor 300 Leuten in einem großen Saal reden, sehr wohl noch »Fracksausen« bekommen können. Halten wir an dieser Stelle zwei Ergebnisse fest:

1. Lampenfieber entsteht durch die Angst vor Unbekanntem, Ungewissem und Ungewohntem!
2. Lampenfieber ist keine Eigenschaft, die man hat oder nicht hat, die man ein für allemal überwindet, sondern eine »Eigenschaft«, die bei ungewohnten Situationen immer wieder auftreten kann.

In seinem Buch »Die Rede« beschreibt Dale Carnegie, wie Bernard Shaw sein Lampenfieber überwand: »Als Bernard Shaw gefragt wurde, wie er gelernt habe, so unwiderstehlich in der Öffentlichkeit zu sprechen, antwortete er: **›Ich habe es auf die gleiche Weise gelernt, wie ich das Schlittschuhlaufen erlernt habe – indem ich mich zum Narren machte, bis ich es konnte.‹**«

Shaw hatte seit seiner Jugend mit Schüchternheit zu kämpfen, und so beschloß er, seine größte Schwäche zu seinem stärksten Kapital zu machen. Er trat einem Debattierclub bei. Er suchte jede Versammlung in London auf, bei der eine Aussprache zu erwarten war, und jedesmal meldete er sich zu Wort. Sein Thema, für das er sich begeisterte, war die Sache des Sozialismus.

Interessant ist, wie ein anderer Geistesfürst seine Schwindelfurcht besiegte. Goethe schreibt darüber selbst in seinem Tagebuch: »Ich erstieg ganz allein den höchsten Gipfel des Münsterturms und saß in dem sogenannten Hals, unter dem Knopf oder der Krone, wie man's nennt, wohl eine Viertelstunde lang, bis ich es wagte, wieder heraus in die freie Luft zu treten, wo man auf einer Platte, die kaum eine Elle ins Gevierte haben wird, ohne sich sonderlich anhalten zu können, stehend, das unendliche Land vor sich sieht, indessen die nächsten Umgebungen und Zierarten die Kirche und alles, worauf und worüber man steht, verbergen. Es ist völlig, als wenn man sich auf einer Mongolfiere in die Luft erhoben sähe. Dergleichen Angst und Qual wiederholte ich so oft, bis der Eindruck mir ganz gleichgültig ward.«

Der praktische Tip:

1. Stellen Sie fest, wovor Sie am meisten Lampenfieber haben: vor den unbekannten Zuhörern, dem unbekannten Raum, dem unbekannten Thema oder Ihrem eigenen unbekannten Ich.
2. Versuchen Sie, diese »unbekannte Gefahr« herauszufordern, so oft es geht! Aber nicht mit Gewaltakten, sondern langsam in Stufen. Sprechen Sie zuerst vor 5, dann vor 15, dann vor 30, schließlich vor 70, 100 und mehr Leuten. Nehmen Sie keine zu großen Stufen. Der Erfolgsschwung der zuletzt bewältigten »Stufe« soll Sie auf die nächste Stufe tragen.
3. Sprechen Sie über ein Thema, das Sie persönlich sehr gefühlsmäßig berührt, über das Sie sich aufregen, ärgern, begeistern können.
4. Nehmen Sie auch den kleinsten Erfolg nicht als Selbstverständlichkeit hin, sondern freuen Sie sich darüber, daß Sie die Einleitung geschafft haben.
5. Nehmen Sie am Anfang einen »geliebten oder vertrauten« Gegenstand, eine Art Talisman, mit, auf den Sie zuerst bestimmte Gefühle »übertragen«, um sie dann bei Gelegenheit wieder »abzurufen«. Viele Künstler haben einen solchen Talisman bei sich, der ihnen nicht allein Glück bringt, sondern auch helfen soll, sich schneller zu konzentrieren.
6. William James sagte: **»Handle mutig und du wirst mutig!»** Um dieses Mutgefühl zu unterstützen, können

Sie sich vorstellen, daß jeder einzelne Zuhörer Ihnen Geld schulde; ja, daß sie gekommen sind, Sie um ein Darlehen zu bitten.

Mit Bewußtsein sprechen

Viele Schauspieler zwingen sich kurz vor ihrem Bühnenauftritt zu einer gedanklichen Konzentration. Mehrmals wiederholen sie autosuggestiv: »Ich spreche jetzt!«, um sich so auf den ersten Sprecheinsatz zu konzentrieren. Machen Sie nicht den Fehler, diesen ersten Laut für zu unwichtig zu halten. Auch für das gesprochene Wort gilt: »Der erste Eindruck entscheidet, der letzte bleibt.«

Wenn Sie sich einmal kurz vor Augen halten, wieviel in unserer Umgangssprache auf die Wortwurzeln »stimm« zurückgeht, werden Sie schnell sehen, welche Bedeutung der Stimme zukommt. Hier eine kurze Auswahl: Stimme – Stimmung – Stimmenfang – stimmt – unstimmig – verstimmt – bestimmt – gestimmt – unbestimmt – eingestimmt – bestimmen – abstimmen ... Eine ganze Sprach- und Umgangspsychologie steckt in diesen Wörtern, hinter denen sich ebenso bewußt wie unbewußt die geheimnisvolle Wirkung unserer Stimme verbirgt.

Und wie sprechen die meisten Menschen? – Unbewußt, automatisch, reflexhaft! Sie verlieren sich in der Hitze des Gefechts, verschlucken Silben und Konsonanten, verhaspeln sich in ausweglosen Sprachsackgassen und reden »wie Ihnen der Schnabel gewachsen« ist. Bei ständig steigender Stimmhöhe und zunehmender Sprechgeschwindigkeit unterbrechen sie nur, wenn akute Atemnot eintritt. Sie schleudern ihrem Gegenüber Phrasen, Allerweltswörter und Gemeinplätze ins Gesicht und offenbaren in ihrem Gesicht die geheimsten Welten, indem sie alles zur Schau stellen, was sie bewegt: Skepsis, Mißtrauen, Sympathie, Antipathie, Abwehr, Ärger. **95 Prozent der Menschen sprechen ohne »Bewußtsein« mit einer zweckmäßigen,**

nüchternen Sprache ohne Modulation und Melodie. Sie sprechen nicht mit dem andern, sondern über ihn hinweg – im Einmanndialog. Sie »plätschern« an der Oberfläche, ohne je Tiefenwirkung zu erreichen. Deshalb vergessen Sie nicht: **Verlieren Sie beim Reden nicht die Besinnung, sondern besinnen Sie sich auf die Wirkung!** Der oft wiederholte autosuggestive Konzentrationssatz vor jedem Sprecheinsatz – »Ich spreche jetzt!« – wird Ihnen dabei gute Dienste leisten.

Gewinne die Aufmerksamkeit der Zuhörer!

Mark Twain sagte einmal: »Nur Geschichten sind wirklich lesbar.« Damit wollte er sagen, die Menschen sind nicht so sehr an logischen, zweckmäßig-nüchternen Tatsachen und Informationen interessiert, sondern an den lebendigen Ereignissen des Lebens. Sie akzeptieren eine Botschaft, wenn sie ihre Phantansie anspricht, wenn sie sich durch die Schilderung der Lebensumstände mit dem Vorfall identifizieren können.

Das Neue Testament bietet dafür das beste Beispiel. Die ganze Botschaft wird in Gleichnissen, Beispielen, Anekdoten und Geschichten erzählt; mit Personen, die leben und leiden. Erst begabten Religionspädagogen blieb es vorbehalten, daraus einen strohtrockenen, stupiden Frage- und Antwort-Katechismus zu machen.

Warum werden die Readers-Digest-Hefte in aller Welt in Millionenauflage verkauft? – Weil man auch hier das gleiche Rezept anwendet, mit dem man die Aufmerksamkeit der Menschen gewinnt: Das Rezept lautet: **Menschliche Probleme von Menschen wie DU und ICH in spannende und dramatische Geschichten zu verpacken.** Doch für die meisten Reden, die bei uns gehalten werden, gilt eine andere Regel: »Je abstrakter, um so geistiger, je akademischer, um so wissenschaftlicher, je unverständlicher, um so gelehrter.« – Das Ich des Redners als Mensch mit

Gefühlen und Problemen, Erlebnissen und Erfahrungen, Hoffnungen und Enttäuschungen tritt schamhaft hinter einer spanischen Wand hochtrabender Wortklingelei zurück. Das Fazit: In den meisten Reden werden persönliche Erlebnisse und Erfahrungen so peinlich ausgeklammert, als handle es sich allemal um uneheliche Fehltritte, die man der Öffentlichkeit verschweigen möchte.

Aufmerksamkeit wird aber nur der Redner erringen, der »persönlich« wird, der auf die persönlichen Bedürfnisse und Erwartungen seiner Zuhörer eingeht und der sich nicht selbst drei Schritte hinter seine Rede stellt, sondern sich durch seine eigenen persönlichen Erfahrungen zu ihr bekennt.

Neben dieser grundsätzlichen Regel, »persönlich zu werden«, gibt es noch eine Reihe weiterer Möglichkeiten, die Aufmerksamkeit der Zuhörer zu fesseln:

---

1. Aufmerksamkeit durch Veränderungen

Der Redner kann folgende Veränderungen vornehmen:

Körper	Er kann hin- und hergehen, auf die Zuhörer zugehen, in die Zuhörerreihen hineingehen.
Dinge	Er kann das Pult, den Tisch, einen Stuhl, die Tafel verrücken (evtl. mit Hilfe eines Zuhörers).
Stimme	Er kann hoch oder tief, laut oder leise, sachlich oder melodisch sprechen. Er kann brüllen oder flüstern, stakkato sprechen oder plötzlich schweigen.
Gestik	Er kann diszipliniert mit sparsamen Gesten sprechen oder plötzlich explodieren, er kann ruhig den Zeigefinger heben oder mit beiden Fäusten auf den Tisch trommeln.

---

2. Aufmerksamkeit durch visuelle Mittel

Der Redner kann folgende visuelle Mittel einsetzen:

Abwechslung	Er kann eine Tafel, ein Flipchart, einen Overheadprojektor, einen Diaprojektor, eine Tonbildschau oder einen Videorecorder verwenden.
Größe	Er kann großflächige Zeichnungen als Kontraste neben kleinflächige setzen.
Farbe	Er kann Farbkontraste verwenden (z.B. Grün-Rot).
Leben	Er kann ein bewegliches Modell vorführen oder Zuhörer als Teilnehmer in einem Rollenspiel einsetzen.

---

3. Aufmerksamkeit durch persönliche Kontakte

Der Redner kann immer wieder bestimmte Personen und Zuhörergruppen persönlich ansprechen und mit Namen nennen:

Dank	Er kann dem Veranstalter, den Ehrengästen, den Vereinsmitgliedern, den Helfern und Freunden namentlich seinen Dank aussprechen.
Ansprache	Er kann auf bestimmte Leistungen, Erfahrungen, Erlebnisse, Vorzüge einer Person oder bestimmter Zuhörer hinweisen. **Die Nennung eines Namens erhöht spontan auch die Aufmerksamkeit der anderen Zuhörer. Sie ist die wirksamste Methode, die Aufmerksamkeit zu erhalten.**
Blickkontakt	Er kann einzelne Zuhörer anschauen. Er kann die Zuhörer in der ersten oder letzten Reihe anschauen. Er kann »springen« – indem er gezielt bestimmte Zuhörer anblickt.

---

4. Aufmerksamkeit durch Wiederholungen

Der Redner kann folgende Wiederholungen vornehmen:

Zwischenbilanz	Er kann nach jedem größeren Abschnitt seine Ausführungen zusammenfassen, aufzeigen, was man bereits behandelt hat, was noch folgt.

Kerngedanken	Er kann die/den Kerngedanken immer wieder schlagwortartig ins Gedächtnis zurückrufen. Er kann den Kerngedanken immer wieder in einem anderen Beispiel demonstrieren.
Zeichnung	Er kann sich auf eine Schautafel beschränken und daran immer wieder das Wesentliche aufzeigen.
Wiedererkennung	Er kann neue Beispiele durch die bereits mehrfach wiederholten Regeln überprüfen lassen. (»Wie wir nun bereits wissen ...«)

---

5. Aufmerksamkeit durch unterschiedliche Lehrmethoden

Der Redner kann seine Vortragsweise variieren:

Formeln	Er kann das Wesentliche seiner Aussagen in bildhaften, leicht merkbaren Formeln bringen.
Diskussion	Er kann entweder an die Zuhörer direkt Fragen stellen oder zumindest die Zuhörer durch eine rhetorische Frage (»Fragen wir uns doch einmal, wie kam es dazu?«) miteinbeziehen.
Dialog	Er kann einen Text in Form einer wörtlichen Rede und Gegenrede formulieren.
Experiment	Er kann einen Vorgang wie die Vorbereitung und Durchführung eines Experiments beschreiben. (»Als erstes brauchten wir ... danach holten wir ...«)
Medien	Er kann verschiedene Medien einsetzen: Tafel, Flipchart, Overheadprojektor, Diaprojektor ...
Präsentation	Er kann einen Vorgang durch Modelle, Demonstrationsobjekte, Requisiten (z.B. eine Tageszeitung), durch die Vorführung eines Versuchs lebendiger gestalten.

---

6. Aufmerksamkeit durch Drama, Spannung, Geheimnis

Rezept	»... werde ich Ihnen fünf Ratschläge geben, die Ihr Leben entscheidend verändern können ...«

Geheimnis	»Millionen leiden heute an Bluthochdruck. Dabei kann man dieses tückische Leiden durchaus unter Kontrolle bringen, wenn man nur weiß, wie ...«
Test	»Das richtige Wissen zu haben ist heute wichtiger denn je. Prüfen Sie mit mir, ob Ihre Kenntnisse auf dem neuesten Stand sind!«
Spannung	»Warum fühlen Sie sich an manchen Tagen in einem Stimmungshoch und an anderen in einem Tief? Dafür gibt es eine faszinierende Theorie ...«

Ohne Sympathie kein Vertrauen

Wie der Bauer zuerst sein Feld pflügen muß, um es für den Samen aufnahmebereit zu machen, so muß auch der Redner zuerst die Sympathie seiner Zuhörer gewinnen, bevor sie ihm Glauben schenken. Dieses Gefühlsband der Sympathie ist die Voraussetzung für jede Tiefenwirkung. In der Verkaufspsychologie sagt man: »Was das Herz begehrt, rechtfertigt der Verstand.« Das gleiche gilt auch für den Redner. Kein Zuhörer setzt sich nur mit den logischen Argumenten und Beweisen der Rede auseinander. Er setzt sich auch mit der Person des Redners auseinander. Dies sowohl aus logischen wie psycho-logischen Gründen: Der Zuhörer hat nur in den wenigsten Fällen die Möglichkeit, die Beweise des Redners auf ihre Stichhaltigkeit zu überprüfen. Er muß vorerst diesen Beweisen vertrauen. Das heißt: **Er muß dem Redner vertrauen.** Vertraut er ihm nicht (unbewußt!), wird er seinen Beweisen auch nicht trauen. Diesmal bewußt!

Diese notwendige Sympathiegewinnung hat nichts mit Anbiederung oder mit plumper Vertraulichkeit zu tun, viel eher mit psychologischen Gesetzmäßigkeiten. Wer Antipathie erzeugt, erzeugt automatisch Abwehr. In gleichem Maße schwindet auch seine Überzeugungskraft. Das Publikum – so weiß man es seit Le Bons Zeiten – läßt sich lenken und verführen. Aber – und das machen sich noch zu wenige bewußt: Es verlangt auch seinen Preis! Es verlangt, daß sich der Redner am Anfang seiner Rede mit den Werten und Vorstellungen seiner Zuhörer identifiziert. Diese Identifikation mit den Zuhörern geschieht durch die bewußte Betonung von **»Gemeinsamkeiten«**:

1. Gemeinsamkeit im äußeren Verhalten

Der Redner gibt durch seine **Kleidung,** seine **Sprache,** seine **Gestik** und **Mimik,** sein Zeit- und Ortsverständnis zu verstehen, inwieweit er die Normen seiner Zuhörer achtet. Dazu ein drastisches Negativbeispiel: Ein wilder Punker mit Szene-Jargon und aufrüttelnder Revoluzzergestik wird vor umsatzbesorgten Handwerksmeistern auch nicht die geringste Chance haben, überzeugend zu wirken.

2. Gemeinsamkeit bei den Werten und Vorstellungen

Der Redner wird nur dann verstanden werden, wenn bestimmte Begriffe wie z.B. »Demokratie«, »Freiheit«, »Eigentum« vom Redner wie von den Zuhörern inhaltlich **gleich interpretiert werden.** Ein kommunistischer Funktionär aus der DDR hätte unter dem Begriff Demokratie etwas ganz anderes verstanden als sein Gesprächspartner aus der Bundesrepublik.

Ähnlich ist der Fall bei den nachfolgenden Assoziationen. Das Wort »Eigentum« wird bei dem einen sofort das Bild des ausbeuterischen Kapitalisten heraufbeschwören, der das Eigentum allein zur Mehrung seiner persönlichen Macht und seines persönlichen Nutzens verwendet, bei dem anderen dagegen das Bild des Eigenheims, das ihm als Voraussetzung für ein sorgenfreies Leben gilt.

3. Gemeinsamkeit bei den Problemen und Bedürfnissen

Am besten wird der Redner »ankommen«, der es versteht, die bewußten wie unbewußten Probleme, Sorgen, Ängste und Nöte der Zuhörer beim Namen zu nennen und sich **zu ihrem Sprachrohr zu machen.**

Redner und Zuhörer sind anfangs durch einen Wassergraben von Fremdheit und Abwehr getrennt. Dem guten Redner gelingt es, relativ rasch eine Brücke ans andere Ufer zu schlagen. Und der sicherste Brückenkopf ist noch allemal, das auszusprechen, was die anderen bedrückt, was ihnen auf den Nägeln brennt, was ihnen auf der Seele liegt.

Amerikanische Psychologen haben die Sympathie sogar einer eigenen Forschung unterzogen und dabei **»Sympathieregeln«** entdeckt, die mmer wieder auf irgendeine Gemeinsamkeit hinauslaufen.

Wir mögen Menschen, die

- uns physisch nah sind (Eltern, Geschwister ...)
- unserer Meinung sind
- ihrer Persönlichkeit nach uns ähnlich sind
- unsere Bedürfnisse befriedigen
- Bedürfnisse haben, die wir befriedigen können
- über anerkannte Fähigkeiten und Kompetenzen verfügen
- angenehm sind und schöne Dinge tun
- uns mögen

Von diesen acht Sympathieregeln basieren sieben auf Gemeinsamkeiten – auf der Gemeinsamkeit der Abstammung und der Meinungen, der Persönlichkeit und der Bedürfnisse, der Selbsteinschätzung und der Verhaltensweise.

Wie man die Zuhörer überzeugt

Jetzt erst, wenn die Zuhörer den Redner akzeptiert haben, kann er beginnen, sie von seiner »Botschaft« zu überzeugen. Die ersten vier Regeln – Bewußtseinskontrolle, sicheres Auftreten, Aufmerksamkeits- und Sympathiegewinnung – dienen dazu, die Zuhörer für die eigentliche »Botschaft« aufgeschlossen zu machen. Jetzt erst beginnt die eigentliche Überzeugungsarbeit. Auch dafür gibt es ganz bestimmte Regeln, Psychologen haben festgestellt:

Die Wahrscheinlichkeit, »überzeugend« zu wirken, ist um so größer, je mehr der Redner

1. als Experte angesehen wird
2. den Eindruck erweckt, ohne Hintergedanken zu sprechen
3. offen seine Absichten zugibt (nicht bei emotionalen Themen!)
4. anfangs Ansichten äußert, die denen der Zuhörer ähnlich sind
5. die Werte und Einstellungen des Publikums teilt
6. es riskiert, eher überhört zu werden, als aufdringlich zu erscheinen
7. klar die Folgerungen ausspricht
8. konkrete, praktische Vorschläge macht, nachdem er leichte Angstgefühle hervorgerufen hat
9. beide Seiten einer Angelegenheit erörtert (wenn das Publikum anfangs anderer Meinung ist) oder nur eine Seite (wenn das Publikum ohnehin schon auf seiner Seite ist)
10. als Letzter spricht, wenn zwei Ansichten zur Entscheidung stehen
11. den speziellen Publikumsmerkmalen (Alter, Landsmannschaft …) Rechnung trägt
12. für größere Veränderungen (mit Ausnahme von Extremen) plädiert

Als Hans Apel auf einer Wahlkampfversammlung in München sprach, begann er seine Rede: »Wer auch immer der Oberbürgermeister dieser schönen Stadt ist, kann mit den Einnahmen des Stadtsäckels mehr als zufrieden sein. Die Initiative seiner Unternehmer, der Fleiß seiner Geschäftsleute, die Anstrengungen aller Beschäftigten in den Großbetrieben ebenso wie in den Kleinbetrieben haben dazu beigetragen …«

Nachdem der Redner von den Zuhörern als einer der Ihren und als Fachmann akzeptiert wurde, muß er durch gezielte Strategien die Zuhörer **von den Vorteilen seiner Ideen, Ziele und Absichten überzeugen.**

Die Zuhörer werden um so mehr ein bestimmtes Ziel anstreben, je überzeugender der Redner darauf hinweist, daß

1. das Ziel unmittelbare Vorteile bringt
2. das Ziel zu den wichtigsten gehört, die man anstreben kann
3. die Zuhörer das Ziel verdienen
4. das Ziel leicht zu erreichen ist
5. das Ziel zum Überleben wichtig ist
6. das Ziel jenen Vorteile bringt, mit denen der Zuhörer verbunden ist
7. das Ziel lang anhaltende oder dauerhafte Vorteile bringt
8. das Ziel von weniger würdigen Menschen nicht angestrebt wird

Um die Zuhörer dazu zu bewegen, ein bestimmtes Ziel aufzugeben, kann der Redner betonen, daß

1. das Ziel der Zuhörer unwürdig ist
2. andere Ziele wichtiger und dringlicher sind
3. das Ziel nutzlos und unnötig ist
4. das Ziel Nachteile bringen würde
5. das Ziel schwer zu erreichen ist

Wünsche und Motive ansprechen

Jeder Zuhörer hat seine eigenen Motive. Sie sind abhängig vom Alter, vom Beruf, von der augenblicklichen privaten und beruflichen Situation jedes einzelnen. In den meisten Fällen handelt es sich auch nicht um ein Motiv, sondern um ein ganzes Motivbündel, dessen Einzelmotive sehr wohl miteinander im Wettstreit liegen können. – Doch es gibt **Grundmotive,** die fast alle Zuhörer gemeinsam haben; Grundmotive, die durch den Redner bewußt und gezielt eingesetzt werden können.

Hugh Champbell ermittelte folgende vier Grundwünsche des Menschen:

- Geliebt zu werden
- Geachtet zu werden
- Recht zu haben
- Wichtig zu sein

Ein Zuhörer, der »freiwillig« zu einer Redeveranstaltung kommt (und nicht, wie es so oft in Firmen geschieht, zu Seminaren, Tagungen und Konferenzen verdonnert wird), könnte vielleicht folgende Motive haben:

Er möchte

- daß er als einzelner oder als Mitglied einer Gruppe begrüßt wird
- daß er für sein Kommen und Ausharren gelobt wird
- daß er bei Zwischenrufen oder Diskussionen beachtet und ernst genommen wird
- daß der Redner seine geheimen Wünsche und Hoffnungen sich zu eigen macht und Wege zu ihrer Verwirklichung zeigt
- daß er und das ganze Publikum vom Redner als bedeutend und besonders intelligent anerkannt werden
- daß sein augenblicklich drückendstes Problem vom Redner angesprochen wird
- daß er Rezepte bekommt, wie man gesünder lebt, besser verdient, leichter arbeitet, mehr Freunde, mehr Sicherheit, mehr Prestige … gewinnt

- daß seine Ängste genannt werden, jedoch so, als ob andere sie hätten (damit er sein Gesicht wahren kann!)
- daß er sich über andere lustig machen darf und bestätigt bekommt, besser zu sein als die anderen
- daß er seinen Groll und seine Aggressionen loswerden kann, vor allem gegenüber nicht anwesenden Dritten, die beschuldigt werden …
- daß er in seinen Werten, Einstellungen, Ansichten bestätigt wird
- daß er das Gefühl der Solidarität und gemeinschaftlichen Stärke genießen kann, vor allem wenn es sich um die Durchsetzung einer gerechten oder die Abwehr einer ungerechten Sache handelt.

Ohne Gefühlsansprache keine Tiefenwirkung

Was unterscheidet den Redeprofi sofort von einem Amateur? – Die bessere Aussprache, Atemtechnik, Stimmtechnik? Kaum. Diese Eigenschaften nimmt man nur dann wahr, wenn sie störend wirken. Nein, es ist etwas anderes. **Es ist die Fähigkeit, zu jedem Publikum einen intensiven Kontakt herzustellen,** die Fähigkeit, die jeweilige Stimmung der Zuhörer auszuloten und dementsprechend zu reagieren.

Nehmen wir diese Fähigkeiten etwas genauer unter die Lupe, so erkennen wir drei herausragende Begabungen:

1. Das Einfühlungsvermögen

Der gute Redner kann sich in kürzester Zeit in die Stimmung, in die Erwartungen und Ansprüche seiner Zuhörer hineinfühlen und darauf reagieren. Von Cicero weiß man, daß er manch ausgefeilte Rede aus dem Senat wieder mit nach Hause nahm. Ungesprochen – weil er nicht die

Stimmung im Senat vorgefunden hatte, für die er seine Rede ausgearbeitet hatte.

2. *Die Kontaktfähigkeit*

Ein guter Redner gewinnt in kürzester Zeit – ohne plumpe Anbiederung – Kontakt zu seinen Zuhörern, vermittelt den Zuhörern das Gefühl, als spräche er zu jedem einzelnen, schlägt sie in seinen Bann und entläßt sie bis zum Schluß der Rede nicht mehr aus der Spannung.

3. *Die Verhaltensbreite*

Der gute Redner verfügt nicht nur über einen wesentlich weiter gespannten Stimmungsbogen, über eine ausdrucksstärkere Gestik und Mimik, über einen raffinierteren Wortschatz, sondern er verfügt vor allem über die Fähigkeit, seine Gefühle eindrucksvoll darzustellen – und sie auch ebenso direkt bei seinen Zuhörern anzusprechen. Dabei reicht seine »Gefühlsskala« vom genau berechneten Wutanfall bis zur überströmenden Herzlichkeit, von der biedermännischen Zurückhaltung bis zum demagogischen Donnergetöse.

Verehrter Leser, Sie werden nun mit Recht fragen, ob Sie dazu angeleitet werden sollen, wie ein heulender Derwisch zu schreien, mit den Fäusten auf das Pult zu trommeln oder hysterische Wutanfälle zu bekommen. – Keine Angst! Erstens, wenn dies Ihrem Naturell nicht liegt oder Sie kein Fünkchen Schauspielerbegabung haben, werden Sie das weder tun noch schaffen. Zweitens liegt ja die ganze Kunst dieser Verhaltensbreite darin, im richtigen Augenblick richtig zu handeln. **Nicht echt wirken, sondern echt spielen, heißt das Motto!** Drittens sollte dies auch nur eine Aufforderung sein, jene eintönige, langweilige, knochentrockene Zweckstimme und Verhaltensweise aufzugeben, die 95 Prozent unserer Mitmenschen beim Reden offenbaren.

Wie können Sie jemanden zum Brennen bringen, wenn Sie selbst nicht brennen? Wie können Sie beim anderen ein Feuer entzünden, wenn Sie selbst in sich kein Feuer verspüren? – Jeder aber, der überzeugen will, der Tiefenwirkung erreichen will, muß fähig sein, Gefühle zu offenbaren und Gefühle anzusprechen. **Warum ist das Gefühl soviel wichtiger als der Verstand?**

- weil das Gefühl einen höheren Erinnerungswert hat als der Verstand
- weil das Gefühl wesentlich mehr Energien mobilisiert als der Verstand
- weil das Gefühl wesentlich schneller glaubt als der Verstand
- weil das Gefühl die Menschen weit mehr verpflichtet als der Verstand

Dazu vier Beispiele:

1. Wenn Sie als 16jähriger noch von Ihrem Vater eine Ohrfeige bekommen haben, bleibt das Gefühl der Demütigung weitaus länger in Ihrem Gedächtnis haften als der Vorgang selbst.
2. Welcher Starredner schafft es heute, 75.000 Leute bei schlechtem Wetter zu einer Versammlung zu locken? Ein interessantes Fußball-Länderspiel schafft das mühelos.
3. Bei einem Sensationsprozeß, bei dem es um Liebe, Sex und Verbrechen geht, haben die meisten Zuhörer das Urteil gesprochen, noch bevor der Prozeß beginnt.
4. Gefühlswerte wie Ehre, Tapferkeit, Mut, Feigheit, Patriotismus haben mehr Leute das Leben gekostet als alle Waffen zusammen.

Wie spricht man Gefühle an? – Am besten durch möglichst plastische Bilder, die die Phantasie und Vorstellungswelt der Zuhörer anregen und deren wichtigste »Reizworte« bestimmte Gefühlswerte beinhalten. Mit diesen Bildern soll der Zuhörer an bestimmte Situationen »erinnert« werden, bei denen er die gleichen Gefühle empfand, die er jetzt in dem Vortrag empfinden soll.

Schauen wir doch einmal Redeprofis – den Politikern – über die Schulter, wie sie es verstehen, mit »gefühlsbelasteten« Bildern Stimmung zu machen. Achten Sie auf diese eindringlichen *(kursiven)* »Reizworte«! **Besonders erfolgreich ist diese Bildertechnik, wenn sie noch mit einer prägnanten Formel oder einem beschwörenden Appell verbunden wird.**

Die folgenden »wörtlichen« Aussprüche auf der rechten Seite habe ich verschiedenen Zeitungen und Zeitschriften sowie dem Bundesanzeiger (Parlamentsberichte) entnommen. Um objektiv zu sein, habe ich die Namen der Urheber weggelassen. Auf der linken Seite steht, wie man das gleiche auch sachlich sagen kann:

Sachliche Vortragsweise	***Gefühlsbetonte Ansprache***
Die Energielücke soll gegenüber den Bürgern als Druckmittel für die Kernenergie angewendet werden.	»Die Energielücke halte ich für einen *Knüppel*, mit dem der Bürger zur Kernenergie *geknüppelt* werden soll.«
Grobe Verunglimpfungen sind noch nie als Grundlage sachlicher Zusammenarbeit geeignet gewesen.	»Der Leitsatz ›*Und willst du nicht mein Bruder sein, so schlag ich dir den Schädel ein*‹, ist noch nie als Grundlage sachlicher Zusammenarbeit geeignet gewesen.«
Der Lohnsteuerzahler darf vom Staat nicht ständig überfordert werden.	»Der Lohnsteuerzahler darf nicht ständig zur *Melkkuh der Nation* gemacht werden.«
Diese Politik handelt unter falschen Voraussetzungen.	»Diese Politik gleicht einem *Acker, auf dem falsches Getreide* angebaut wurde.«
Der Bürgerblock im Rathaus hat das Ziel, eine Linkspolitik zu vermeiden.	»Der Bürgerblock im Rathaus betrachtet sich als die *Feuerwehr, die linke Brände löscht.*«

Sachliche Vortragsweise	*Gefühlsbetonte Ansprache*
Die Industrieabwässer haben diesen schönen Fluß verschmutzt.	»Die Industrieabwässer haben diesen *lieblichen, kleinen* Fluß zu einer *übelriechenden Kloake* gemacht.«
Landrat A hat unter schwierigsten Umständen angefangen.	»Landrat A ist 1998 in *Startlöcher gestiegen*, die weniger geeignet schienen, *Halt zu geben,* als dem Startenden ein *Bein zu brechen.*«
Im Vergleich zu den Verhandlungen heute war die letzte Steuerreform geradezu harmlos.	»Im Vergleich zu dem *Steuerpoker*, für den die *Karten* jetzt gemischt werden, war die letzte Steuerreform ein *harmloser schwarzer Peter.*«
Der Versuch, den Liberalismus zu definieren, endete bisher stets ergebnislos.	»Der Versuch, Liberalismus zu definieren, endete bisher stets wie das Bemühen, *einen Pudding an die Wand zu nageln.*«
Natürlich lassen sich auch durch das Anschnallen im Auto nicht immer Verletzungen ganz vermeiden. Aber ist es nicht besser, lieber diese in Kauf zu nehmen als den Tod?	»Natürlich gibt es auch beim Gurt kleinere Verletzungen. Aber die sollte man bewußt in Kauf nehmen: *›Lieber blaue Flecken auf dem Bauch als weiße Chrysanthemen auf dem Grab!‹*«
Die Lärmbelästigungen sind unerträglich. Die Leopoldstraße wird durch Essensabfälle verschmutzt, und überdies brauchen wir hier keine Boutiquen mit einem exklusiven Publikum.	»Die Lärmbelästigungen grenzen bereits an *Terror*, und Teile der Leopoldstraße erwecken zunehmend den Eindruck einer *mit Pizzadeckeln übersäten Ketchup-Rutschbahn ...* und überdies brauchen wir in Schwabing keine *Pseudo-Schickeria-Buden mit Schlipsträgerpublikum.*«

Sachliche Vortragsweise	Gefühlsbetonte Ansprache
Ich verzichte auf persönliche Verunglimpfungen.	»Ich denke nicht daran, in eine *Olympiade der Beschimpfungen* einzusteigen.«

In China sagt man: »Ein gutes Bild ersetzt 1000 Worte.« Das gilt natürlich auch für die Rede.

Wie man Menschen für seine Ideen und Pläne gewinnt

Seitdem die Tage eines autoritären Erziehungs- und Führungsstils der Vergangenheit angehören, sind wir – wann immer wir von anderen etwas erreichen wollen – gezwungen, sie zu überzeugen. Das trifft beileibe nicht nur auf die Führung der Mitarbeiter, sondern genauso auch auf die Ansprache der Kinder, die Anrede von Vereinsmitgliedern sowie den Umgang mit dem Servicepersonal zu. Egal ob man die Mitarbeiter gut bezahlt, die Kinder mit Geschenken verwöhnt oder bei hohen Preisen für Ferienreisen oder Hotelübernachtungen einen guten Service erwarten könnte, in vielen Fällen werden wir erst dann an das Ziel unserer Wünsche kommen, wenn wir es verstehen, die anderen zu überzeugen. Kurzum: **Unsere Ziele und Wünsche lassen sich künftig immer weniger per Anordnung oder Vorschrift durchsetzen.** Dazu ist vielmehr eine wirkungsvolle Überzeugungsarbeit notwendig.

Die Voraussetzung dafür heißt: Unsere Ansprechpartner wollen nicht nur wissen, *was* sie tun sollen, sondern auch *warum* sie es tun sollen. Das wichtigste Unterscheidungsmerkmal zwischen dem früheren autoritären Stil und der modernen Überzeugungsarbeit besteht im Zeitfaktor. Der autoritäre Stil erfordert meistens nur ein Minimum an Zeit, etwa einen Satz, einen Befehl oder eine »Dienstanweisung«. Der modernere Überzeugungsstil erfordert dagegen in der Regel zumindest am Anfang – bis die Gesprächspartner überzeugt sind – mehr Zeit, denn er stellt statt der Einweg-Kommunikation einen Prozeß dar. Wer hier überzeugen will, muß sich vorher Gedanken machen, den Gesprächspartner genau beobachten, ihn kennenlernen und dann seinen Wunsch auf dessen Motive und Absichten abstellen können.

Modernes Überzeugen bedeutet, weder zu manipulieren oder unter Druck zu setzen, wie es heute so oft geschieht, noch zu bitten, zu betteln oder zu schmeicheln. Vor allem aber bedeutet es, auf der einen Seite die richtigen Argumente und auf der anderen Seite den emotional richtigen Ton gegenüber den Zuhörern oder den Gesprächspartnern zu finden. Der Beginn erfolgreicher Überzeugungsarbeit beginnt daher mit drei Voraussetzungen, wobei ich mich in dem folgenden Abschnitt auf den hervorragenden Artikel von Jay A. Conger im Harvard Business manager 1/1999 beziehe.

1. Man muß die Akzeptanz der Zuhörer gewinnen

Das heißt, daß die Kleidung, das Aussehen, das Verhalten, die Unterlagen, die Sprache etc. dem Status eines Experten ähneln müssen. Weiße Socken, fettige Haare, Unterlagen mit Eselsohren, eine zu laute oder zu leise Stimme, ein bedrohliches Imponiergehabe oder eine zu akademische Sprache: Alles das kann sofort die Akzeptanz des Sprechers untergraben.

2. Man muß das Vertrauen der Zuhörer erreichen

Das bedeutet, bei den Zuhörern muß der Eindruck entstehen, daß der Referent kompetent ist, daß er weiß, worüber er spricht und daß er ihre Anliegen versteht.

3. Man muß die Glaubwürdigkeit sicherstellen

Dabei geht es darum, daß der Referent entweder sofort zu erkennen gibt, daß er für eine bestimmte Partei oder Sache spricht, oder daß er sich bemüht, objektiv zu sein und neben den unbestreitbaren Vorteilen seiner Idee oder seines Angebotes auch eventuelle Nachteile zugibt. Und daß er so fair ist, daß er seine Zuhörer nicht zu ihrem Schaden von einer Sache überzeugen will.

Fazit

Wenn eine dieser drei Voraussetzungen nicht erfüllt wird, steht der ganze Überzeugungsprozeß auf tönernen Füßen! Warum?

- **Ohne Akzeptanz** hört man Ihnen nicht zu!
- **Ohne Vertrauen** glaubt man Ihnen nicht!
- Und **ohne Glaubwürdigkeit** entscheidet man sich nicht für Sie!

Überzeugen – eine hohe Kunst

Viele wissen das. Aber warum scheitern dennoch so viele Überzeugungsversuche? Weil viele das Überzeugen als zu einfach ansehen! Sie glauben, es genügt,

1. ihre Idee oder ihr Angebot einfach vorzustellen
2. dann Argumente und Beweise anzuführen
3. schließlich den anderen dafür zu begeistern und
4. ihn zuletzt durch bestimmte Methoden zu überzeugen

Profis wissen jedoch, daß diese Abkürzung heute immer weniger funktioniert und nehmen sich deshalb mehr Zeit. Ihre Reihenfolge bei der Überzeugung sieht so aus:

1. Sie versetzen sich in den Gesprächspartner hinein

Sie wollen herausbekommen, was er denkt, was er vorhat, was er will und vor allem, welche **Motive** (Beweggründe) ihn antreiben. Dazu gehört auch, daß sie mit den Verhandlungspartnern oder Zuhörern schon im Vorfeld sprechen, um ihre Vorstellungen, ihre Bedenken und ihre Hoffnungen zu erfahren.

2. Sie bedenken die eigene Position ganz genau

Sie überlegen, was sie genau erreichen wollen, auf welche **Widerstände** sie eventuell stoßen werden und wie sie die möglichen Einwände überwinden können.

3. Sie definieren das exakte Verhandlungsziel

Sie definieren also genau, wie das **optimale Verhandlungsziel** aussieht und wie sie es am besten mit den Zielen des Verhandlungspartners verbinden können.

4. Sie zeigen eine echte Kompromißbereitschaft

Sie sind bereit, im direkten Dialog mit dem Gesprächspartner und in Reaktion auf seine Standpunkte die eigene Zielsetzung entsprechend zu verändern. Dabei kommt es ihnen ganz entscheidend darauf an, daß der andere wirklich das Gefühl hat, daß seine Wünsche und Vorstellungen konkret berücksichtigt werden, so daß zum Schluß ein **vernünftiger Kompromiß** dabei herauskommt.

Vier wichtige Schritte, um erfolgreich zu überzeugen

Um den Überzeugungsprozeß erfolgreich durchzuführen, sollten Sie also in vier Schritten vorgehen:

- *Schritt 1:* Akzeptanz, Vertrauen und Glaubwürdigkeit der Zuhörer gewinnen
- *Schritt 2:* eine gemeinsame Verhandlungsbasis schaffen
- *Schritt 3:* eine bildhafte, anschauliche Beweisführung vorlegen

- *Schritt 4:* eine emotionale Beziehung zu den Verhandlungspartnern bzw. Zuhörern erreichen

Hier gilt ganz allgemein die Regel: *Wie man etwas sagt, ist genauso wichtig wie das, was man sagt!*

Schritt 1: Akzeptanz, Vertrauen und Glaubwürdigkeit gewinnen

Man muß sich bei jeder Verhandlung bewußt sein, daß der andere nicht nur etwas investiert – nämlich Zeit und Geld –, sondern daß er auch etwas riskiert: Die Entscheidung. Das tut jemand nur, wenn er dem anderen vertraut. Und die meisten Menschen (vor allem Verkäufer!) überschätzen dieses Vertrauen gewaltig. Sie glauben: Wenn der Kunde bereit ist, ihnen einen Termin einzuräumen und sich mit ihnen an einen Tisch zu setzen, dann hat er auch schon das nötige Vertrauen zu ihnen. Weit gefehlt! Gerade Vertrauen und Glaubwürdigkeit müssen bewiesen und verdient werden. Denn Vertrauen basiert in erster Linie auf hoher Sachkompetenz und auf persönlichen Beziehungen. Im einzelnen:

- **Vertrauen durch Kompetenz** entsteht aufgrund eines bestimmten Expertenstatus, früherer Leistungen oder eines fundierten Wissens, wobei Erfolge in der Vergangenheit ganz besonders ins Gewicht fallen.

- **Vertrauen auf der Basis einer persönlichen Beziehung** entsteht dann, wenn man den anderen von früher her kennt, wenn man ihn einschätzen kann, wenn er berechenbar ist und wenn er seine Fähigkeit und seine Zuverlässigkeit schon früher unter Beweis gestellt hat.

Kurzum: Solche Leute haben über längere Zeit bewiesen, daß man ihnen vertrauen kann, weil sie zuhören und auch auf die Interessen anderer eingehen. Sie haben sich weder als launisch erwiesen noch sind sie jemals durch widersprüchliche Leistungen aufgefallen, sondern sie gelten als aufrichtig, ausgeglichen und zuverlässig. Sie sind als erprobt und zuverlässig befunden worden.

Fragen Sie sich also:

- Habe ich **Erfolge aus der Vergangenheit** vorzuweisen?
- Habe ich für meinen Verhandlungspartner wirklich **interessante Informationen?**
- Habe ich ein **fundiertes Wissen** über mein Angebot?
- Kann ich sofort, also aus dem Stegreif, auf 95 Prozent aller Fragen eine **fundierte Antwort** geben?
- Habe ich **gute persönliche Beziehungen** zu diesem Verhandlungspartner?
- Kann ich gemeinsame Bekannte bzw. **Referenzen** anführen?
- Bin ich auch bereit, ein **Nein** zu akzeptieren, ohne dem Verhandlungspartner meine Abneigung zu zeigen?
- Bin ich bereit, auch auf die Interessen des anderen einzugehen?

Wie Sie Kompetenz- und Beziehungsdefizite ausgleichen können

Hier einige Vorschläge bei Kompetenzdefiziten:

- Befragen Sie informierte Leute.
- Arbeiten Sie sich mit Hilfe von Büchern und Artikeln in die Materie ein.
- Besuchen Sie Vorträge und Seminare.
- Ziehen sie Experten hinzu.

Vorschläge bei den Beziehungsdefiziten:

- Forschen Sie nach gemeinsamen Bekannten.
- Versuchen Sie, über andere Personen etwas herauszubekommen, z.B. über Beruf, Ausbildung, Familienstand, Wohnort, Hobbys, Sportvereine, Clubs etc.
- Forschen Sie auch nach Fragen und Problemen, die für die Zuhörer bzw. Verhandlungspartner von Bedeutung sein könnten.

Beispiel: Wie ein Vertriebsdirektor seine Verkaufsleiter überzeugte

Ein neuer Vertriebsdirektor war überzeugt davon, daß die Verkaufsorganisation seines Unternehmens nicht mehr genügend wettbewerbsfähig war und eine neue Verkaufsstruktur geschaffen werden mußte. Da die Verkaufsleiter seit Jahren gute Geschäfte gemacht hatten, er jedoch in der Branche noch als zu neu eingeschätzt wurde (**Kompetenzdefizit!**) und auch noch über keine persönlichen Kontakte zu ihnen verfügte (**Beziehungsdefizit!**), stieß sein Plan auf Ablehnung.

Die Überzeugung gelang erst, als dieser Vertriebsdirektor seine Akzeptanz verstärkte, indem er einen externen Berater hinzuzog, eine aussagekräftige Vergleichsberechnung hinsichtlich der Mitbewerber vorlegte und jeden der Vertriebsleiter persönlich in seinem Gebiet aufsuchte und mit ihm sprach. Darüber hinaus überredete er einen der Verkaufsleiter, seinen Vorschlag in einem Pilotprojekt zu realisieren, was den gewünschten Erfolg brachte und die anderen Verkaufsleiter endgültig positiv für seinen Plan und seine Umstrukturierung stimmte.

Fazit: Vertrauen und Glaubwürdigkeit sind die wichtigste Basis jeder effektiven Überzeugungsarbeit. Ohne sie läßt sich weder die Aufmerksamkeit noch die Zustimmung der Zuhörer finden.

Schritt 2: Eine gemeinsame Verhandlungsbasis schaffen

Akzeptanz, Vertrauen und Glaubwürdigkeit sind nur der erste Schritt. Um überzeugen zu können, muß Ihr Standpunkt oder Ihr Angebot für die anderen **wirklich attraktiv sein.** Zuhörer und Gesprächspartner müssen Vorteile für sich erkennen.

Beispiel: Wie ein Händlerbetreuer seine Händler überzeugte

Klaus Wallner, Händlerbetreuer einer großen Autofirma, wollte die Händler davon überzeugen, die Präsentation der neuen Modelle nicht wie bisher in Eigenregie durchzuführen, sondern nach dem ausgefeilten Konzept des Herstellers vorzugehen und dafür ein bestimmtes komplettes Präsentationspaket zu kaufen. Doch die Händler waren dagegen. Sie verwiesen auf ihre große Erfahrung, die guten Umsätze und hielten die Kosten für diese Investition für zu hoch, bzw. sie glaubten, sie würden sich nicht in entsprechenden Mehrverkäufen niederschlagen.

Ein weniger erfahrener Mann hätte nun versucht, diese Idee, die von der Zentrale abgesegnet worden war, gegen uber den Händlern zu rechtfertigen und sie ihnen sogar »aufs Auge zu drücken«. Statt dessen zeigte Klaus Wallner Verständnis für ihre Bedenken und erläuterte ihnen in Vorträgen und Seminaren, daß nach vergleichbaren Zahlen bei der Konkurrenz – die er ihnen zeigen konnte – der Absatz durch die attraktivere Präsentation, das größere Presseecho und die zusätzliche Imagesteigerung des Autohauses zunehmen würde. Diesen Effekt konnte er mit genauen Zahlen aus der Praxis untermauern. Doch die endgültige Überzeugung löste ein sehr emotionaler Brief aus, den der Gründer des Unternehmens schon vor vielen Jahren an die ersten Händler geschrieben hatte, in dem er als die wichtigsten Werte des Unternehmens den Dienst am Kunden und die Partnerschaft zwischen der Zentrale und den Händlern hervorhob. Erst mit diesem Brief erreichte

Klaus Wallner die volle Unterstützung der Händler, hatte er ihnen doch zuvor durch seine positive Vergleichsrechnung bewiesen, daß auch der Zentrale das (finanzielle!) Wohl der Händler am Herzen lag.

Sie sollten sich deshalb vor jeder Überzeugungsarbeit fragen:

- Wo sind die **greifbaren Vorteile** für den anderen?
- Wie kann ich ihm diese **Vorteile sichtbar machen** und eindrucksvoll vor Augen führen?

Voraussetzung dafür ist, daß Sie Einfühlungsvermögen in Ihre Zuhörer zeigen, daß Sie sie verstehen wollen und daß Sie sich intensiv mit ihren Fragen auseinandersetzen wollen. Überzeugungskünstler stellen deshalb ihre neuen Ideen zuerst einmal auf den Prüfstand, testen sie bei wenigen Zuhörern, verfeinern sie nach deren Urteil und versuchen dann, Antworten auf ihre Fragen zu finden. Und sie sind bereit, die ursprüngliche Idee zu ändern, wenn sie auf zuviel Widerstände stoßen und die Situation es verlangt.

Schritt 3: Eine bildhafte, anschauliche Beweisführung vorlegen

Liegen Akzeptanz und eine gemeinsame Verhandlungsbasis vor, geht es darum, den Erfolg einer neuen Idee oder eines bestimmten Angebots durch eindrucksvolle Beweise zu unterstreichen. Hier machen die meisten Redner und Verhandlungsführer jedoch einen fundamentalen Fehler: Sie vertrauen allein auf ihre Zahlen, Statistiken, Grafiken, Untersuchungsberichte, Referenzen und Sachargumente. Überzeugungskünstler verwenden dagegen eine viel emotionalere Beweisführung.

Sie überzeugen durch

- Bilder
- Anekdoten

- Geschichten (einschließlich Referenzgeschichten)
- plastische Beispiele
- Metaphern und Analogien
- Mini-Szenen
- Sprichwörter, Sinnsprüche und Zitate

Tips

- Halten Sie Ihre Ausführungen lebendig und anschaulich, und bereichern Sie sie mit Bildern und Szenen aus der Gegenwart, die sofort die Phantasie und das Vorstellungsvermögen Ihrer Zuhörer gefangennehmen.
- Überzeugen Sie sie durch die Ansprache ihrer Motive, Wünsche, Träume und Sehnsüchte.

Wie erreichen Sie das im einzelnen? Nehmen wir als Beispiel die Motiv-Ansprache durch die vier Ps, also die vier wichtigsten Motive: **Pride** (Stolz), **Profit** (Gewinn), **Peac***e* (Sicherheit) und **Pleasure** (Annehmlichkeit), die jeden Menschen bewegen. Besonders wirkungsvoll für die Überzeugungsarbeit ist es, wenn Sie sowohl die Plus-Motive (z.B. den Stolz) als auch die Minus-Motive (z.B. die Kritik) ansprechen; also nicht nur das, was die Zuhörer durch Ihre Idee zusätzlich gewinnen können, sondern auch, wie sie – das Gegenteil! – sich damit vor zusätzlichem Schaden bewahren können.

	Plus-Motive	**Negativ-Motive**
Pride:	Stolz, Anerkennung	Kritik, Beschämung, Lächerlichkeit
Profit:	Gewinn, Wirtschaftlichkeit	Verlust, Schaden
Peace:	Sicherheit, Geborgenheit	Angst, Unsicherheit
Pleasure:	Bequemlichkeit, Freude	Streß, Ärger, Unruhe

Fragen Sie sich also vor jeder Rede oder Verhandlung:

1. Was kann ich den Zuhörern an zusätzlicher Anerkennung, an mehr Gewinn, an mehr Sicherheit oder an mehr Bequemlichkeit versprechen?

2. Welche Probleme kann ich meinen Zuhörern bewußt machen, die sie ohne meine Idee bzw. Problemlösung bekommen werden? Zum Beispiel mehr Kritik, mehr Verlust, mehr Unsicherheit oder mehr Streß?

Regeln

- **Verzichten Sie im Zweifel lieber auf wissenschaftliche Untersuchungen**, denn die meisten Zuhörer halten sie für nicht besonders informativ.
- **Verzichten Sie auf Zahlen und Tabellen,** weil Sie mit ihnen keinen besonderen Eindruck erzielen und die Zuhörer sie viel zu schnell vergessen. Hier gilt: Zahlen sind in emotionaler Hinsicht ohne Überzeugungskraft!
- Drücken Sie Ihre neuen Ideen lieber in Form von **Geschichten** aus, die sich auf vergleichbare Situationen beziehen, als durch abstrakte Ideen, denn damit können sich die Zuhörer viel eher identifizieren.
- Bringen Sie **Vergleiche** zwischen gestern und heute, zwischen der eigenen Firma und den Wettbewerbern, zwischen guter und schlechter Lösung.
- Machen Sie **kleine Rechnungen** auf, die dem Gesprächspartner blitzschnell aufzeigen, welchen persönlichen Gewinn er aus der Sache ziehen kann.
- Verwenden Sie **Fallbeispiele.**
- Verpacken Sie neue abstrakte Ideen in altbekannte **Tatsachen** und **Erlebnisse**, die alle Zuhörer kennen.

Beispiel: Wie ein EDV-Verkäufer einer neuen Firma sein neues Softwareprogramm vorstellte

Sein Hit war, der neuen Firma sein neues Softwareprogramm mit folgender Geschichte zu präsentieren. Er sagte zu dem Geschäftsführer: »Stellen Sie sich vor, Herr Kunde, Sie empfangen Ihre Freunde zum Abendessen und wollen im Supermarkt das Notwendige einkaufen. Wenn

Sie ein guter Koch sind und genügend Zeit und Lust zum Kochen haben, dann können Sie die Regale entlanggehen und stoßen auf Hinweise wie ›Backzutaten‹ oder ›Gewürze‹. Das entspricht in etwa den Menüleisten auf der typischen Benutzeroberfläche von Computern. Im Supermarkt stellt sich allerdings die Frage, ob alles, was Sie brauchen, zusammensteht oder ob Sie das, was Sie brauchen, in den verschiedensten Regalen suchen müssen. Das wäre dann genauso wie bei den meisten Softwareprogrammen, wo es Symbolleisten und Schaltflächen für Hilfsfunktionen und anderes gibt. Haben Sie dann im Supermarkt alles beisammen, dann müssen Sie Ihre Zutaten zu Hause nur noch in der richtigen Reihenfolge, Dosierung und Mischung zusammenstellen, damit die gewünschte Mahlzeit herauskommt. Sind Sie ein guter Koch, wird es klappen, wenn nicht, gilt das Prinzip Hoffnung.

Genauso läuft die Sache bei den meisten Softwareprogrammen ab. Und da setzen wir an. Wir wollen dem Anwender das Gefühl geben, als ob er ein Restaurant besuchen würde, wo er keine Zeit mehr damit verbringen muß, die Zutaten für sein Essen erst zusammenzusuchen. Sondern er setzt sich hin, entspannt sich – und wir bringen ihm das Essen. **Das ist ein angenehmes Erlebnis** – ohne langes Suchen, Herumirren und Ausprobieren. Wir liefern also ein Softwareprogramm, das ›tafelfertig‹ ist und das sofort zur praktischen Anwendung bereitsteht.«

Schritt 4: Eine emotionale Beziehung herstellen

Professionelle Redner und Verhandlungsführer gehen von vornherein davon aus, daß die meisten Menschen ihre Entscheidungen nicht aus Vernunftsgründen, sondern auf der Basis bestimmter Gefühle treffen. Sie berücksichtigen diese Tatsache gleich zweifach. So wissen wir zum Beispiel aufgrund neuester wissenschaftlicher Untersuchungen aus der Verkaufspsychologie,

- daß die **emotionale Begeisterung** des Kunden für den Verkaufserfolg heute das entscheidende Kriterium darstellt,
- daß die **»vernünftige Zustimmung«** des Kunden aufgrund guter rationaler Argumente in der Industrie nur zu 33 Prozent und im Privatbereich gar nur zu 21 Prozent aller Abschlüsse führt,
- daß aber 66 Prozent aller Abschlüsse in der Industrie und 78 Prozent (!) aller Verkäufe im Konsum zustande kommen, wenn es dem Verkäufer gelingt, den Kunden in eine Stimmung der **Begeisterung und Faszination** zu versetzen.

Als Überzeugungskünstler berücksichtigen Sie das auf dreifache Weise:

1. Indem Sie Ihr eigenes emotionales Engagement für Ihre Idee oder Ihre Problemlösung erkennen lassen. Hier müssen Sie jedoch sehr behutsam vorgehen und dürfen den Zuhörer nicht mit einem Gefühlsüberschwang überfallen. Das gilt vor allem bei Verhandlungen über Investitionen oder Geldanlagen und in bestimmten Situationen, z.B. bei zurückhaltenden Zuhörern. Das bedeutet: Emotionen muß man langsam in Abstimmung mit den Zuhörerreaktionen und dem Redeinhalt hochschalten! Trotzdem muß immer spürbar sein, daß Sie als Redner mit **»Leib und Seele«** hinter Ihrem Thema stehen.
2. Indem Sie sich genau auf den Gemütszustand der Zuhörer einstellen. Das heißt: Sie passen sich im Tonfall, in der Aussage, in der Gestik dem psychischen Zustand der Zuhörer an. Sie wissen, wann Sie laut und aggressiv sein müssen und wann der ruhigere Kammerton am Platz ist. Und genauso wissen Sie auch, was Sie an In-

halten und Ausführungen wie auch an emotionaler Intensität den Zuhörern zumuten können.

3. Indem Sie oft schon im Vorfeld privat mit der entsprechenden Zielgruppe reden, um zu erfahren, wie sie auf Ihre Ideen reagiert, was sie davon abhält, was sie stört, wo sie zustimmt, welche Stimmung und welche Erwartungshaltung vorherrschen. Dabei testen Sie auch, welche emotionale Wirkung die verschiedenen Argumente vermutlich haben werden.

Beispiel 1: Wie ein Fußballtrainer unbeabsichtigt seine Mannschaft demotivierte

Der Trainer einer Fußballmannschaft glaubte nach einigen aufeinanderfolgenden Niederlagen, daß bei seiner Mannschaft Engagement und Motivation zurückgegangen seien, und befürchtete, daß sie auf diese Weise den Klassenerhalt nicht schaffen würde. Aus diesem Grund setzte er am Ende des Trainings eine Mannschaftsbesprechung fest. Dabei zeigte er den Spielern per Overheadprojektor ein Bild, auf dem sie über den Aufstieg im letzten Jahr jubelten, wobei die untere Seite des Bildes jedoch verdeckt war. Danach sagte der Trainer zu seinen Leuten, daß sie im letzten Jahr wirklich das erfolgreichste Jahr der Vereinsgeschichte gefeiert hätten. Doch dann seufzte er und meinte, dieses Glücksgefühl sei leider nun im Schwinden, und enthüllte daraufhin die untere Seite des Bildes. Da sahen sie alle, daß die jubelnde Mannschaft auf einer alten, morschen Brücke stand, die jeden Augenblick einzustürzen drohte.

Danach wandte sich der Trainer wieder an seine Mannschaft und sagte: »Genau das ist es, was ich befürchte! Falls wir nicht ganz schnell wieder zu unseren alten Tugenden – **dem vollen Einsatz und der echten Motivation** – zurückfinden, werden wir unweigerlich abstürzen.« Die anwesenden Spieler reagierten mit spontaner Ablehnung, zogen die Köpfe ein und drückten ihren Protest in der anschließenden Pause durch abfällige Kommentare aus. Sie empfanden das Bild als Panikmache, denn sie waren zum einen stolz auf den Aufstieg gewesen und hatten andererseits trotz zahlreicher Verletzungen und Ausfälle bisher einen ganz passablen Mittelplatz erreicht. Ja, sie hatten eigentlich sogar erwartet, daß der Trainer sie loben und moralisch aufrichten würde – statt sie als potentielle Absteiger abzuqualifizieren.

Diese Situation betrifft natürlich nicht nur Trainer, sondern auch Führungskräfte, Lehrer und Eltern. Bleibt die Frage: Was hat der Trainer falsch gemacht? Zuerst einmal hätte er einige Spieler beiseite nehmen und sich umhören müssen, wie es um den emotionalen Zustand der Truppe bestellt war, was sie also ein halbes Jahr nach dem Aufstieg empfand, wie sie die letzten drei Niederlagen in Serie interpretierte, wie sie das andauernde Verletzungspech ansah und worauf sie ihre Niederlagen im Augenblick zurückführte.

Dabei hätte er mit Sicherheit erfahren, **daß sie statt Kritik und Panikmache mehr Selbstvertrauen, Motivation und Lob** gebraucht hätte. Und dann hätte er nur für diesen Zweck eine Sitzung einberufen sollen.

Was die Befürchtungen für den Klassenerhalt betrafen, hätte er kurze Zeit später ein zweites Meeting einberufen sollen, um die augenblicklichen Schwächen gemeinsam zu analysieren und entsprechende Gegenmaßnahmen zu besprechen. Das heißt: Statt eine reine Vorwurfshaltung zu zeigen, hätte er bei dem zweiten Meeting durch eine gemeinsame Analyse und Planung erfolgreicher Gegenmaßnahmen ein positives Gemeinschaftsgefühl und eine neue Aufbruchstimmung erzeugt.

Dazu noch ein Beispiel aus einer großen Firma, die zeigt, daß auch kühle Manager genauso emotional reagieren wie diese Sportler.

Beispiel 2: Wie ein Abteilungsleiter seine Mitarbeiter und den Vorstand überzeugte

Robert Marcell war der Leiter der Kleinwagen-Entwicklung bei Chrysler, als der Vorstand Anfang der neunziger Jahre unbedingt einen Kleinwagen herausbringen wollte; jedoch nicht im Alleingang, sondern in Kooperation mit einem ausländischen Hersteller. Marcell war jedoch gegen diesen Plan. Er war dafür, daß Chrysler dieses Projekt allein durchziehen sollte. Diese Idee stieß jedoch auf zwei Widerstände: Zum einen mußte er das Topmanagement davon überzeugen. Zum andern mußte er auch seine eigenen Leute davon überzeugen, die längst die Hoffnung aufgegeben hatten, noch einmal die Gelegenheit zu bekommen, einen solchen Kleinwagen zu entwickeln. In einem waren sie jedoch alle einer Meinung: Sie ärgerten sich darüber, daß die ausländischen Konkurrenten den Markt für Kleinwagen beherrschten.

Marcell verzichtete darauf, die Widerstände mit Zahlen zu überwinden, sondern er wollte sie mit emotionalen Argumenten entkräften. Er wußte, daß Chrysler seine »Seele verkaufen« würde, wenn man die Konstruktion eines neuen Kleinwagens einem ausländischen Hersteller überlassen würde. Außerdem wären dadurch auch viele Arbeitsplätze gefährdet worden. Darüber hinaus spürte er, daß im Unternehmen viele junge Talente nur darauf warteten, ihr Können unter Beweis zu stellen, um so ihr Selbstwertgefühl und ihren Stolz zurückzugewinnen. Also drehte sich alles um die Frage: **Wie konnte er seinen Glauben an die Fähigkeiten seines Teams richtig und überzeugend demonstrieren?**

In dieser Situation fiel ihm seine Heimatstadt Iron River ein, die einst eine lebendige Bergarbeiterstadt gewesen war, aber heute durch die Schuld ausländischer Minengesellschaften verelendet war. Mit eindrucksvollen Dias zeigte er die trostlosen Reste des ehemaligen Glanzes. Dabei kommentierte Marcell jedes Dia sehr ausführlich und schloß jedesmal mit dem Satz: »Wir konnten nicht mithalten.« Damit wollte er sagen, daß Detroit und Chrysler eines Tages genau dasselbe Schicksal erwarten würde, wenn sie sich jetzt der ausländischen Konkurrenz ergäben und nicht damit begännen, selbst wieder einen Kleinwagen zu bauen. »Kapitulation«, so rief er aus, »heißt der wahre Feind, und ohne Gegenwehr wird auch hier bald das Ergebnis die reine Verwüstung sein.« Danach schlug er einen hoffnungsvollen Ton an, machte deutlich, wie stolz er auf sein Team sei, und forderte es auf, einen Kleinwagen »made in USA« zu bauen, der beweise, daß sie alle sehr wohl noch mithalten könnten. Tosender Beifall belohnte diese Rede. Sie hatte den Nerv der Zuhörer getroffen und den Kampfgeist der Truppe neu entfacht.

Auch das Topmanagement mit Lee Iacocca persönlich überzeugte er durch Emotionen. Auch bei ihnen machte der Vergleich mit der verwüsteten Bergarbeiterstadt Eindruck. Doch diesen Vortrag schloß Marcell anders. Er machte eine kurze Pause und sagte dann: »Wenn wir es nur wagen würden, anders zu sein, könnten wir der Grund für das Überleben der amerikanischen Autoindustrie sein. Wir könnten dafür sorgen, daß unsere Kinder und Enkelkinder nicht bei einer Fast-Food-Kette arbeiten müssen.«

Das war ein echter emotionaler Volltreffer, denn er deckte blitzartig die verborgenen Ängste und Abneigungen der Zuhörer auf und malte eine schaurige Zukunftsvision. Und er sprach gleich alle vier Minus-Motive an: die Angst vor einer schlechteren Zukunft, die Gefahr möglicher Einkommensverluste, das Eingeständnis mangelnder Courage und obendrein auch noch die Aussicht auf mehr Streß und Frustration. Iacocca ließ sich von Marcell noch zwei Stunden lang die Details erläutern, dann stimmte er der Entwicklung des neuen »Neon« zu.

Statt die Leute zu deprimieren, hatte Marcell es verstanden, jeder Zuhörergruppe einen Weg der Hoffnung aufzuzeigen. Dabei appellierte er natürlich auch an die Emotionen, zum Beispiel an die patriotischen Gefühle, denn er wußte: Ohne die Ansprache von Gefühlen bleibt jede Argumentation tot und wird letztlich scheitern.

VI Die richtige Vortragstechnik

In diesem Kapitel wollen wir über die richtige Vortragstechnik sprechen. Über die Atemtechnik, Stimmtechnik, Sprechtechnik, Pausentechnik, Satztechnik und was sonst noch zu einem guten Vortrag gehört. Doch mit einer Einschränkung: Wir werden nur das Allerwichtigste erwähnen. Denn eine gute Atem-, Stimm- oder Sprechtechnik zu erlernen ist keine Sache von drei Tagen, sondern von Jahren. Deshalb will ich hier nur auf das Wesentliche eingehen, damit Sie zumindest wissen, wie es sein sollte.

Der Redner atmet nicht nur, um Luft zu holen

Wozu braucht der Redner eine richtige Atemtechnik? – Aus vier Gründen. Erstens: um auch längere Sätze »in einem Atemzug« durchzustehen. Zweitens: um die verschiedenen Resonanzräume im Körper zum Klingen bringen zu können. Drittens: um »geräuschlos« ein- und ausatmen zu können. Viertens: um den notwendigen Sauerstoffwechsel besser aktivieren zu können.

Was wird beim Einatmen meistens falsch gemacht? – Man beschränkt sich allein auf die Brustatmung, das heißt auf einen kurzen »Luftschnapper«, bei dem man die Schultern hochzieht. Bei dieser Schulter-Hochatmung »tankt« man ungefähr 2000 ccm Luft. Ideal wäre jedoch eine Atemweise, bei der man gleich drei Lufträume füllt: die Brust, die Flanken (seitlich der Rippen) und das Zwerchfell (ungenau ausgedrückt der Bauch). Bei dieser kombinierten Atemweise tanken Sie rund 4000 ccm – also genau das Doppelte. Die Vorteile: Sie reichen länger mit der Luft, können längere Sätze ohne Mühe sprechen, wirken wesentlich ruhiger (**Kurzatmung ist ein Streßsymptom!**) und füllen die vorhandenen Resonanzräume mit Luft. Auf diese vollgefüllten Resonanzräume sind Sie unbedingt bei der Regulierung Ihrer Lautstärke angewiesen.

Tips

- Wenn Sie liegen, atmen Sie richtig – nämlich mit dem Bauch. **Die Bauchdecke hebt und senkt sich.** Versuchen Sie, sich auch untertags an diese gesunde Atemweise zu erinnern und sie bewußt nachzuvollziehen.
- **Das Ausatmen sollte viel länger dauern als das Einatmen!** Warten Sie trotzdem bei einer Rede nicht bis zum letzten Drücker, sondern atmen Sie bei jeder Gelegenheit nach! Versuchen Sie aber trotzdem, mit Ihrem Atem sparsam umzugehen. Training: Lesen Sie einen Zeitungsabschnitt »in einem Atemzug«.

Ohne Resonanz keine Lautstärke

Wir haben bereits die Wichtigkeit eines vollen Atems für die Resonanz erwähnt. Die Resonanz macht den Ton. Der Mensch hat mehrere Resonanzräume: den Brustkorb und die Bauchhöhle für die tiefen Töne, den Kopf mit der Mundhöhle für die hohen Töne.

Damit die Resonanzräume wirklich zum Tönen kommen, sind zwei Voraussetzungen notwendig: Erstens genügend Luft und zweitens offene Durchgangswege. Ein gedrückter Kehlkopf stellt zum Beispiel eine solche »Straßensperre« dar.

Während die Bauch- und Brustresonanz kaum oder doch nur sehr schwierig zu trainieren sind, kann man die Kopfresonanz (vor allem die Resonanz im Nasenbereich) recht gut trainieren. Zum Beispiel mit Worten, die viele m, n und ng beinhalten, wie Memmingen, Meinungen ... Versuchen Sie, solche Wörter durch die Nase auszusprechen. Ziel der Resonanz ist eine Stimme mit »Metalleffekt«, die klingt und tönt.

Tips für ein lauteres Sprechen

- Beginnen Sie Ihre Rede mit einer so tiefen Stimme wie möglich. **Tiefe Stimmen wirken vertrauenswürdiger.**
- Benützen Sie **Pausen,** um von zu hoher Stimme wieder »herunterzukommen«, entspannen Sie immer wieder Ihre Halszone, indem Sie Ihren Unterkiefer leicht absenken, die Zunge faul im Mundraum liegen lassen und die Gesichtsmuskeln entspannen.
- **Artikulieren Sie deutlich:** Vor allem die Geräuschlaute wie: p, t, k, f, pf, ch, sch, s, st und z, die Sie besonders stark betonen sollten.
- Für die Artikulation gilt: **stärkste Belastung der Lippen,** mäßige Belastung der Zunge, geringste Belastung der Halszone.
- **Holen Sie tief Luft,** füllen Sie alle Resonanzräume aus, sprechen Sie mehr durch die Nase, und spannen Sie dabei die Bauchdeckenmuskulatur an, damit Ihr Bauch mittönt wie ein »steinerner« Krug.
- **Dehnen Sie die einzelnen Silben zeitlupenartig,** lassen Sie die einzelnen Vokale voll ausklingen.
- Um den Hals zu reinigen, empfiehlt es sich, statt bis zur Heiserkeit zu räuspern und zu husten, **Pfefferminztabletten** oder »Emser Pastillen« zu lutschen.
- Pumpen Sie sich nicht einmal voll, um dann zu sprechen, bis Sie in Atemnot kommen, sondern **atmen Sie bei jeder Gelegenheit:** nach jedem Komma, jedem Punkt, jedem Abschnitt. Das oftmalige Atmen nützt auch einer moderierten Sprechweise: Je öfter Sie atmen, um so ruhiger und langsamer sprechen Sie.
- Achtung: Wenn Sie schon nach einer Stunde Reden heiser sind, Halsschmerzen verspüren oder Kopfweh bekommen, sollten Sie unbedingt zuerst einen Arzt und dann einen Stimmbildner aufsuchen, sonst gefährden Sie Ihre Gesundheit.

- **Sprechen Sie extrovertiert:** durch eine präzise, scharfe Artikulation, durch ein bewußtes »Aussprechen« (= Hinaussprechen), durch gespitzte Lippen.

Betonung schafft Langeweile oder Spannung

Man kann Monotonie auf zweierlei Weise erreichen: indem man jedes Wort betont oder gar keines. In jedem Satz sollte deshalb nur ein Wort als beherrschender Lautheitsgipfel betont werden.

Sprechtempo

Ein hohes Sprechtempo ist der größte Feind der guten Aussprache, führt zu Monotonie und Farblosigkeit, zu Aussprachefehlern, größeren Kraftanstrengungen und bei den Zuhörern zur schnelleren Ermüdung, zum schnelleren Abschalten. Auch für das richtige Sprechtempo gibt es eine Art »Richtgeschwindigkeit«: 180 Worte in der Minute.

Die einzige Ausnahme: wichtige (und kurze) Passagen, in denen Sie überzeugen wollen. Hier haben verschiedene psychologische Tests bewiesen, daß der Redner überzeugender wirkt, der nicht nur viel, sondern auch sehr schnell spricht.

Tip

Üben Sie den Kontrast. Üben Sie, einzelne Wörter, einzelne Silben zu **dehnen**, ganz langsam zu sprechen, um dann plötzlich mit höchster Sprechgeschwindigkeit »staccato« zu sprechen.

Pausentechnik

Etwas überspitzt könnte man sagen: Alles, was der Redner sagt, wirkt erst durch die Pause. Denken Sie daran: Jede Pointe braucht Zeit, um zu zünden: Das gilt besonders für Appelle, Formeln und Bilder, die im Gefühlsbereich zünden sollen. Der Zuhörer braucht eine gewisse Zeit, um das Gehörte verarbeiten zu können. Er hinkt stets einen »time-lag« hinter dem Sprecher her.

Die meisten Menschen bringen keinen Mut zur Pause auf. Sie befürchten, die Zuhörer könnten das Schweigen als Steckenbleiben interpretieren. Oder sie haben Angst, die Kontrolle über die Zuhörer zu verlieren, wenn sie nicht pausenlos reden. Richtige Pausen machen heißt jedoch, die Wirkung (Spannung) zu erhöhen, zu schweigen, ohne die Zuhörer einen Augenblick aus der Spannung des eigenen Willens zu entlassen. »Eine Pause machen«, sagte einmal ein bekannter Rhetoriker, »heißt nur auskuppeln, nicht aber den Motor abstellen.« Zwei Voraussetzungen sind für die psychologisch richtige Pause zu erfüllen: erstens der richtige Zeitpunkt, zweitens der ständig aufrechterhaltene Blickkontakt mit den Zuhörern.

Pausen sind angebracht

- vor bzw. nach einem Höhepunkt
- vor bzw. nach einer wichtigen Erklärung
- vor bzw. nach jedem Sinnabschnitt
- vor bzw. nach jeder Zusammenfassung
- wenn das Publikum unruhig wird (disziplinarische Pause)

Keine Pause ist angebracht vor und unmittelbar nach unangenehmen Aussagen für das Publikum. Hier muß der Redner diese unangenehme Mitteilung in der gleichen Sprechgeschwindigkeit, Lautstärke und Stimmhöhe (ohne jede Verzögerung) sagen wie die vorausgegangenen Sätze.

Satzbau

Wie gefällt Ihnen folgender Satz?

»Die auf uns, in Verbindung mit dem Omega-5-Programm, das wir in den letzten Tagen ausführlich besprochen haben, in Zukunft zukommenden Aufgaben sind nur durch gemeinsame, das heißt alle Mitarbeiter unseres Hauses betreffende Anstrengungen zu lösen.«

Ihre Kritik sollte sich gegen folgende Punkte richten:

1. Der Satz ist zu lang (37 Wörter).
2. Der Satz hat zwei »verschachtelte« Nebensätze.
3. Das Hauptverb ist passiv statt aktiv.
4. Der Satz enthält mehrere Orts- und Zeitangaben.
5. Der Kerngedanke ist mehrmals durchbrochen.
6. Es fehlen Bilder.
7. Es fehlen aktive, begeisternde Worte.
8. Die Silbenzahl einzelner Wörter ist zu hoch.
9. Der Satz enthält Floskeln.
10. Der Satz ist umständlich formuliert.
11. Der Satz enthält Partizipien.

Ein besserer Versuch: »Wir haben in den letzten Tagen ausführlich über das Omegaprogramm gesprochen. Sie kennen es jetzt! Sie wissen jetzt auch, welche Aufgaben auf Sie zukommen werden. Geben wir uns einen Ruck! – Wenn jeder sein Bestes gibt, werden wir es schaffen!«

Die wichtigsten Regeln für einen guten Satzbau

1. Pro Satz nicht mehr als eine Tatsache
2. Pro Satz nicht mehr als einen Gedanken
3. Pro Satz nicht mehr als eine Personen-, Zeit- oder Ortsangabe
4. Aktiv statt Passiv
5. In der Sie-Projektion sprechen (»Sie kennen jetzt«)
6. Keine Partizipien, zusammengesetzten Verben, Fremdwörter und Hauptwörter
7. Aktive Verben

8. Kurze Sätze (nicht mehr als maximal 25 Worte)
9. Griffige Bilder und Formeln

Ebenso wichtig wie der gute und klare Satzbau ist ein vielfältiger und ausreichender Wortschatz. Nichts läßt so gute Rückschlüsse auf Denkfähigkeit, Intelligenz und Ausdrucksfähigkeit zu wie der verwendete aktive Wortschatz. **Ohne Wortschatz keine Worte, ohne Worte keine Bilder, ohne Bilder keine Suggestivkraft, ohne Suggestivkraft keine Wirkung.**

Über die Kunst, Beifall herauszufordern

Manche Leser werden bei dieser Überschrift die Stirne runzeln. Gibt es nicht eine Reihe kluger Sprüche, die da lauten: »Der gute Redner hofft auf Anerkennung, nicht auf Beifall.« Richtig. Und wenn nun diese Anerkennung in Form des Beifalls kommt? Welches ist denn die Grundabsicht jedes Redners? – Zustimmung zu seinen Ideen und Vorstellungen zu bekommen. Und die älteste Form der Zustimmung ist die »acclamatio« – die Zustimmung, der Zuruf. Zum zweiten: Ich habe noch keinen Redner erlebt, der vor Beginn seiner Rede ausdrücklich darum gebeten hätte, von allen Beifallskundgebungen Abstand zu nehmen, und dem am Ende seiner Rede nicht warm ums Herz wurde, wenn die Leute sich von seiner Rede angetan zeigten.

Die Beifallsbeispiele, die hier aufgeführt sind, stammen aus verschiedenen Hauptversammlungen deutscher Aktiengesellschaften. Hauptversammlungen geben sehr gute Studienmöglichkeiten ab: Erstens, weil die Wirtschaft mit ihrer Fachterminologie angesprochen wird. Zweitens, weil die Materie nicht unbedingt zu spontaner Begeisterung hinreißt. Drittens, weil trotz der unterschiedlichen Machtpositionen jeder Redner die gleiche Chance hat, Beifall oder Buhrufe einzuheimsen. Die Beispiele sind den Hauptversammlungs-Stenogrammen aus »Blick durch die

Wirtschaft« entnommen, in denen auch die Zuhörerreaktionen wie Beifall, Heiterkeit und Buhrufe vermerkt sind. Versuchen Sie, bereits beim ersten Durchlesen einige Gesetzmäßigkeiten aufzuspüren.

Hauptversammlung Hoesch AG

Aktionär: »In der Bilanz der Hoesch Werke AG ist ausgewiesen, daß an Vorstandsmitglieder Kredite in Höhe von DM 1.008.239 vergeben wurden. Meine Frage ist: Sind in diesen Krediten auch Kredite enthalten an Mitglieder des Vorstandes der Hoesch Werke AG, die gleichzeitig Vorstandsmitglieder der Hoesch AG sind? Bejahendenfalls: Wie hoch sind diese Kredite, und warum sind diese Kredite in dem Geschäftsbericht der Hoesch AG nicht aufgeführt?« (Beifall)

Aktionärsvertreter: »Ich bitte die Verwaltung, sich dafür einzusetzen, daß die Vermögensteuer wieder abzugsfähig wird. Denn die Abzugsfähigkeit kommt letztlich nicht nur den Aktionären, sondern auch den Arbeitnehmern zugute. Denn das ist klar: Wo Vermögensteuer nicht mehr gezahlt werden kann, gehen auch die Arbeitsplätze verloren!« (Beifall)

Aktionärsvertreter: »Hier liegen auch die Ursachen für den Kursrückgang der Hoesch-Aktie ... Wir sind betrübt, daß in dieser Richtung bisher nichts geschehen ist, und möchten erneut unsere Verwaltung bitten, hier im Interesse ihrer Hoesch-Aktionäre tätig zu werden!« (Beifall)

Hauptversammlung Stahlwerke Peine-Salzgitter AG

Aktionär und Arbeitnehmer: »Durch das künstliche Hochschrauben der Aktienkurse gefährdet man die Arbeitsplätze bei uns ... aber als einfacher Arbeitnehmer, der hier im Werk II in Peine als Rohrschlosser beschäftigt ist, ist mir mein Arbeitsplatz und der meiner Kollegen wichtiger ...« (Spontanbeifall)

»Es ist die Pflicht des Vorstandes und der Betriebsräte, die Arbeitsplätze zu sichern und zu erhalten. Das ist hier in unserem Konzern in hervorragender Weise geschehen. Dafür möchte ich diesen beiden Gremien meinen allerherzlichsten Dank aussprechen.« (Spontanbeifall).

Aktionär: »Zunächst möchte ich Sie, Herr Vorsitzender, darum bitten, daß hier nur sachliche Aussagen erfolgen und daß keine Polemik getrieben wird.« (Spontanbeifall nach einem Angriff auf »spekulierende« Aktionäre)

Aktionär: »Sachliche Kritik, wo sie berechtigt ist, ja; aber bloße Polemik mit dem Holzhammer, das vergiftet die Atmosphäre, schadet unseren Aktionärsinteressen und schadet unserem guten Ruf.« (Beifall)

Hauptversammlung Klöckner Werke AG

Kleinaktionärsvertreter: »Wir alle haben wie Sie nur einen Wunsch: daß endlich wieder ehrlich echt Geld verdient wird und nicht aus der Substanz immer ausgeglichen wird. Das kann kein gutes Ende nehmen». (Beifall)

Aktionärsvertreter: »Ich bitte um Aufschlüsselung der sonstigen Erträge. Aus diesen Erträgen ergab sich tatsächlich eine vorzügliche ›Bilanzmassage‹. Denn ich vermute stark, daß diese außerordentlichen Erträge rote Zahlen verhindert haben.« (Beifall)

Aktionärsvertreter: »Von den 7000 Mann der Maxhütte sollen angeblich ... 1200 zuviel an Bord sein ... Ich habe das katastrophale Vorbild Volkswagen vor Augen; dort mußten nämlich 25.000 Mitarbeiter freigesetzt werden, um überhaupt wieder zu einem vernünftigen Ergebnis zu kommen; allein über die Sozialpläne, die dort gezahlt wurden, mußten 350 Millionen DM aufgebracht werden. Können Sie diese 1200 Mann ... auch freisetzen ohne enorme zusätzliche Belastung über Sozialpläne?« (Beifall)

Hauptversammlung Siemens AG

Aktionär: »... das ist nämlich eine amerikanische Erpressung, die mit wirtschaftlichen Überlegungen gar nichts mehr zu tun hat.« (Spontanbeifall)

»Sehr viele unserer Umweltschützer, meine Damen und Herren, sind erst einmal starke Raucher, was viel gefährlicher ist als alle möglichen Abgase.« (Heiterkeit, Beifall)

Aktionärsvertreter: »Warum wird nicht investiert? ... Letztlich hat auch die Verunsicherung in Bonn und den sozialistischen Ländern wesentliche Schuld daran.« (Beifall)

Hauptversammlung Continental Gummi Werke AG

Aktionärsvertreter: »... für Kleinaktionäre bedeutet ein jahrelanges Aushungern eine Katastrophe, denn für diese sind Erträge aus den für die Altersversorgung angeschafften Wertpapiere eine Lebensnotwendigkeit.« (Beifall)

Hauptversammlung Metallgesellschaft AG

Aktionär: »Wir hoffen, daß man noch etwas mehr tut, und zwar ... etwas mehr für die Aktionäre.« (Beifall)

Hauptversammlung Thyssen Krupp AG

Aktionärsvertreter: »Sie bleiben auf Kapitalzuführung durch alte und neue Aktionäre angewiesen. Und nur eine attraktive Dividendenpolitik macht es für die Sparer nach Jahren der Enttäuschung wieder reizvoll, der Wirtschaft Kapital zur Verfügung zu stellen.« (Beifall)

16 »Regeln« für den Beifall

1. Körperhaltung

Je bewegter, leidenschaftlicher und angriffslustiger Sie sprechen, je »bewegter« also Ihre Rede ist, um so »ruhiger« muß Ihre Körperhaltung sein.

2. Blickkontakt

Sprechen Sie den vorausgehenden Abschnitt ruhig und zurückhaltend, um dann plötzlich im letzten Satz (mit dem Sie auf Beifall zielen) etwas schneller, etwas lauter und etwas höher zu sprechen. Richten Sie sich dabei voll auf. Blicken Sie nicht mehr in Ihr Manuskript. Sprechen Sie den letzten Satz frei – mit offenem Blick zum Publikum.

3. Wunder Punkt

Weisen Sie auf den »wunden Punkt« hin (Kredite für den Vorstand), auf Vorkommnisse, die bei einem Großteil der Zuhörer Neid-, Rache- oder Antipathiegefühle auslösen.

4. Unterlassungen

Weisen Sie auf Unterlassungen der Verantwortlichen hin (Kursrückgang der Hoesch-Aktie), die für die Zuhörer unangenehme Folgen hatten.

5. Vorteile

Fordern Sie die Verantwortlichen auf, sich für Vorteile und Vergünstigungen einzusetzen (Abzugsfähigkeit der Vermögensteuer), die einem Großteil der Zuhörer zugute kommen.

6. Verteidigung

Verteidigen Sie den Großteil der Zuhörer gegen Angriffe einer kleinen (unbedeutenden) Minderheit (»Auch wenn wir nur Kleinaktionäre sind, aber ...«).

7. Sachlichkeit

Weisen Sie alle aggressiven Angriffe einer kleinen Minorität als Polemik ab, und betonen Sie gleichzeitig Ihre Bereitschaft, sachlich und fair zu sprechen.

8. Angriff

Greifen Sie vor allem Institutionen oder Personen an, die einem Großteil der Zuhörer ein Dorn im Auge sind und die nicht anwesend sind.

9. Forderung

Fordern Sie etwas, was im Interesse aller Zuhörer liegt (»daß wieder ehrlich Geld verdient wird«), und weisen Sie auf Gefahren bei Nichterfüllung hin.

10. Gemeinwohl

Fordern Sie, was dem Gemeinwohl nützt, aber keineswegs von den Zuhörern eine sofortige Leistung verlangt.

11. Dank

Danken Sie bestimmten Persönlichkeiten, die bei einem Großteil der Zuhörer Wohlwollen genießen oder von denen die Zuhörer abhängig sind.

12. Warnung

Bringen Sie Beispiele von Katastrophen. Malen Sie die schrecklichsten Folgen an die Wand. Fragen Sie die Verantwortlichen, wie sie mit dieser Krise fertig werden wollen, die auch für die Zuhörer unangenehme Folgen haben kann (Sozialpläne bei Entlassungen).

13. Publikumsbedeutung

Betonen Sie die Bedeutung des Publikums (für weitere Kapitalerhöhungen), und leiten Sie daraus Forderungen ab, die den Zuhörern willkommen sind.

14. Mehrleistung

Appellieren Sie an die Verantwortlichen, für die Zuhörer noch mehr zu tun und zu leisten (mehr Dividende für die Aktionäre).

15. Gefühlsreiz

Starten Sie jeden Angriff mit einem »gefühlsbetonten« Reizwort, das Sie im Vergleich zu den normalen Ordnungsbegriffen setzen. (»Die Universität ist kein revolutionärer Tummelplatz für Anarchisten, sondern eine soziale Verpflichtung.«)

16. Form

Ihr Angriff hat um so mehr Aussicht auf Erfolg, je appellartiger, je kürzer, je bildhafter und je gefühlsbetonter er vorgetragen wird. – Appelle richten sich an das Gefühl. Deshalb verzichten Sie auf Einzelheiten und Erklärungen. Am schlagendsten waren schon immer nichtssagende Plattheiten. (»Wir brauchen wieder Ordnung in diesem Lande.«)

Wie beantwortet man Zwischenrufe?

Ein kluger Mann hat einmal gesagt: »Man hat nie genug Freunde, um einen verlieren zu können, und viel zu schnell Feinde, um sich einen erlauben zu können.«

Das erste Gebot bei jeder Diskussion heißt deshalb, auf unüberlegte »Repliken« zu verzichten. »Der Fisch stirbt durch sein offenes Maul«, lautet ein spanisches Sprichwort. **Aggressivität kann teuer zu stehen kommen.** Wenn Sie schon einmal »hart« hinlangen wollen, weil Sie glauben, das Publikum will es so, dann seien Sie vorsichtig. Des Volkes Stimmung schlägt schnell um. – Versuchen Sie, wenn es irgendwie geht, noch einen Funken Gemeinsamkeit zu finden, und wenn Sie den nicht finden, denken Sie an das Wort von Marie von Ebner-Eschenbach: **»Gib dem recht, der recht hat, und er findet dich liebenswürdig; gib dem recht, der unrecht hat, und er betet dich an.«** Wenn Sie wirklich nach der Methode »Auf einen groben Klotz gehört ein grober Keil« vorgehen wollen, dann geben Sie sich hart, steigern Sie Tonhöhe und Stimmaufwand, schlagen Sie mit der Faust auf den Tisch, und brüllen Sie … aber bleiben Sie sachlich, und alles läßt sich wieder einrenken.

Was antworten Sie auf einen plötzlichen Zwischenruf:

1. Ironisches Zitat

»Es sind nicht alle wach, die die Augen aufmachen.« (Wenn einer etwas fragt, was Sie bereits behandelt haben.)

»Wissen Sie, was Oscar Wilde über ›gute Ratschläge‹ gesagt hat? Gute Ratschläge sollte man weitergeben; das ist das einzige, was man damit machen kann.« (Wenn einer penetrant gute Ratschläge anbringen will.)

»Ideen haben wir selber; was wir brauchen sind praktikable Vorschläge.« (Wenn einer mit allzu theoretischen Erläuterungen anrückt.)

Tip

Präparieren Sie sich mit ein paar solcher Zitate. Sie schaffen Distanz und ersparen langatmige Erklärungen.

2. Überhören oder verschieben

Vereinzelte Zwischenrufe überhören Sie völlig. Sind es mehrere, versuchen Sie, sie zu verschieben: »Ich komme in meinem Referat bestimmt noch auf einige Fragen, die Sie jetzt stellen wollen. Sollten am Ende meines Referats noch Fragen offen sein, bin ich gerne bereit, darauf einzugehen. Ich bitte Sie, sich diese **offenen Fragen bis zur Diskussion** aufzuheben.«

3. Vorwegtechnik

Sie bitten bereits am Anfang die Zuhörer darum, erst am Ende Ihres Referats Fragen zu stellen, die Sie dann ausführlich diskutieren wollen:

»Ich weiß, daß mein Referat bestimmt noch einige Fragen offenläßt. Um uns jedoch nicht von Anfang an in einzelne Fragen zu verlieren, schlage ich vor, daß Sie Ihre Fragen bis zum Ende des Referats zurückstellen und in der anschließenden Diskussion vorbringen.«

4. Zurückstellen, notieren

»Darf ich Ihre Frage für einen Augenblick zurückstellen?«

»Gestatten Sie, daß ich mir Ihre Frage notiere, ich werde in der Diskussion darauf zurückkommen.«

Regel

Lassen Sie sich auf keine Privatdiskussion ein.

Behandeln Sie jede Zwischenfrage – wenn überhaupt – nur kurz und bündig. Sie nehmen dadurch auch den Fragestellern viel von ihrem Eifer. – Viele stellen nämlich ihre Fragen mit einem einzigen Ziel: zu zeigen, wie gut sie sind.

Überlegen Sie sich am Anfang einer Rede, ob Sie überhaupt während der Rede auf Zwischenfragen eingehen wollen. Präparieren Sie sich dann mit den entsprechenden »Abwehrtechniken«.

Siehe dazu auch das Kapitel »Über den Umgang mit Konferenzteilnehmern«, Seite 287.

Wie verhält man sich bei kleineren und größeren Pannen?

Was aber tun Sie, wenn Sie in einer Rede plötzlich den roten Faden verlieren und steckenbleiben, wenn Sie sich versprochen haben, wenn Sie einen komplizierten Satz nicht mehr richtig zu Ende bringen oder wenn Sie durch irgendeine Störung aus dem Konzept geraten sind?

1. Steckenbleiben

Plötzlich wissen Sie nicht mehr weiter. Ein Blackout droht. Sie haben von Ihrem Manuskript oder Stichwortzettel einen Ausflug unternommen und wissen nun nicht mehr vor noch zurück.

Tips

- Sprechen Sie den letzten Satz nochmals und ganz langsam Wort für Wort, Silbe für Silbe nach!
- Wiederholen Sie ungeniert – wegen der besonderen Wichtigkeit – diesen letzten Satz noch ein zweites Mal.

- Wenn Sie bis dahin noch nicht den roten Faden gefunden haben, wiederholen Sie den letzten Satz noch einmal, diesmal in Frageform: »Da das Problem der Entsorgung noch immer nicht zufriedenstellend gelöst ist, birgt die Kernenergie nach wie vor ein großes Risiko. Meine Damen und Herren, ich sage es noch einmal: Da das Problem der ... Und ich frage Sie: Wann wird endlich das Problem der Entsorgung zufriedenstellend gelöst?«
- Sollten Sie nach dieser dritten Wiederholung weder sich im Manuskript zurechtgefunden haben noch frei weiterreden können, bietet sich vielleicht die Gelegenheit, mit folgendem Satz Schluß zu machen: »Wir sollten deshalb alles daran setzen, zuerst diese Frage zu klären. Sonst bleibt alles ein ewiges Wenn und Aber!«
- Sie gehen einfach – mit einem eleganten Übergang – zum nächsten Stichwort über: »Bevor wir diese Frage endgültig klären, möchte ich zunächst das wichtige Kapitel ... behandeln.«

2. *Stichwort übersprungen*

Sie bemerken plötzlich, daß Sie im Eifer des Gefechts ein wichtiges Stichwort »vergessen« haben. Es gibt nur zwei Möglichkeiten: Entweder Sie bauen es mit einem eleganten Übergang vor dem nächsten Kapitel ein – »An dieser Stelle scheint es mir angebracht, noch einmal auf folgenden Punkt zurückzukommen ...« –, oder Sie verzichten völlig auf diesen Punkt und sparen ihn für die Diskussion auf.

Regel

Denken Sie daran, Sie können auf einer Bühne alles machen, sofern Sie so tun, als sei es das Selbstverständlichste der Welt. **Deshalb sagen Sie nie Ihren Zuhörern, daß Sie den Faden verloren haben, steckengeblieben sind, ein Stichwort vergessen haben usw.** Tun Sie so, als ob alles, was Sie tun, von Ihnen so geplant und vorgesehen war.

3. *Versprecher*

Auch hier haben Sie zwei Möglichkeiten. Handelt es sich bei dem Versprecher um ein wichtiges, sinnveränderndes Wort, wiederholen Sie ohne Tonfall, Blickkontakte, Sprechgeschwindigkeit und Verhalten zu verändern, das Wort nochmals. Handelt es sich um ein bedeutungsschwaches Wort, sprechen Sie einfach weiter. **Auf keinen Fall sagen Sie: »Verzeihung, Entschuldigung«** oder gar: »Ich wiederhole nochmals ...« Dann weiß auch der letzte im Saal, daß Sie sich versprochen haben. Mir ging es einmal so, daß ich bei einem ebenso langatmigen wie langweiligen Vortrag jedesmal dann hellwach wurde, wenn der Redner sein »Verzeihung« in den Saal schmetterte. Schließlich machte ich mir einen Spaß daraus und zählte nur mehr die »Verzeihungen«. Ich kam auf 23.

4. *Störungen*

Störungen bei einer Rede treten in mehrfacher Hinsicht auf: Zuhörer kommen zu spät, das Mikrofon versagt, das Leselämpchen geht aus, die Kellnerin will im Hinterzimmer servieren und zugleich abkassieren, Zuhörer unterhalten sich miteinander, husten und räuspern sich, Zwischenfrager unterbrechen.

Mikrofon versagt

Machen Sie eine kurze Pause, und bitten Sie den Veranstalter, in der Zwischenzeit das Mikrofon zu richten.

Leselämpchen versagt

Auf dieses Leselämpchen dürfen Sie sich nie verlassen, sorgen Sie vorher für eine ausreichende Deckenbeleuchtung.

Kellnerin serviert und kassiert

Machen Sie eine Pause, bis abkassiert ist. Noch besser: Vereinbaren Sie vorher den besten Zeitpunkt dafür.

Zuhörer unterhalten sich zu laut

Sie beginnen nicht zu reden, bevor die Zuhörer nicht leise geworden sind, und machen später eine »Schweigepause«, bis die Zuhörer wieder leise sind.

VII Effektives Rhetoriktraining

Wie man drei Fliegen mit einer Klappe schlägt

Es war gegen Ende meiner Promotion. Die Dissertation war nach monatelanger Arbeit fast fertig. Es standen nur noch die Abgabe und das Rigorosum, also die mündliche Prüfung, bevor. Gleichzeitig machte ich mir auch schon Gedanken darüber, welche Berufslaufbahn ich nach meiner Promotion einschlagen sollte. In meine frühere Tätigkeit im Bereich der Steuer- und Wirtschaftsprüfung sowie der betriebswirtschaftlichen Spezialaufgaben wollte ich nicht mehr zurück. Mir schwebte eher der Bereich der Weiterbildung oder der Hotelbetriebsberatung vor. In beiden Fällen muß man jedoch reden und überzeugen können: bei der Weiterbildung in Seminaren, bei der Hotelberatung in Versammlungen vor interessierten Hoteliers. Auf jeden Fall spürte ich, **daß ich etwas für meine Rhetorik tun mußte,** und meldete mich folglich für einen Kurs bei der Volkshochschule an.

Als ich die fast 30 Teilnehmer sah, wußte ich, daß ich hier vielleicht die Theorie, aber niemals wirklich die Praxis erlernen konnte. Denn bei zehn Doppelstunden gab es für die 30 Teilnehmer einfach nicht genügend Übungsmöglichkeiten. Was war zu tun? Bereits am Ende des zweiten Abends sprach ich einige Teilnehmer an, ob sie nicht Lust hätten, an einem privaten, von mir kostenlos geleiteten Rhetorikkurs teilzunehmen, wo man das, was man an den vorangegangenen Kursabenden theoretisch gelernt hatte, nun auch in der Praxis üben könnte. Im Nu waren sieben Leute beisammen, und einer stellte uns glücklicherweise sogar einen recht guten Raum dafür zur Verfügung. Nach einiger Zeit gingen wir bei unseren Übungen nicht mehr nur auf die Theorie des Kurses ein, sondern verfolgten unsere eigenen **Übungsstrategien,** die sich hervorragend bewährten und die ich Ihnen nur ans Herz legen kann. Wir machten zum Beispiel folgende Übungen:

- Jeder bekam einen kleinen Zeitungsausschnitt und mußte ihn frei nacherzählen. Das Ziel war, eine Begebenheit möglichst klar, übersichtlich, logisch und interessant wiederzugeben.
- Danach mußte man den Inhalt des Zeitungsausschnitts in eine kurze Rede verpacken. Das Ziel war, den Inhalt des Artikels geschickt als Tatsachenmaterial in eine Überzeugungsrede einzubauen.
- Schließlich wurden die Zeitungsausschnitte größer, und jetzt mußte jeder über den Inhalt eine komplette Rede konzipieren. (Wenn es z.B. einen Artikel über das Problem der Sozialbeiträge gab, dann mußte der Betreffende über das Thema referieren: »Kann sich Deutschland noch die hohe soziale Absicherung leisten?«) Das Ziel war, durch die freie Rede und die Gedächtnisschulung die Argumente logisch und überzeugend zu gliedern.
- Falls einer für die Beibehaltung der hohen Sozialabsicherung war, mußte nun ein anderer (das war allerdings schon eine relativ schwierige Fortgeschrittenenübung) aus dem Stegreif eine Gegenrede halten. Das Ziel war, Schlagfertigkeit, Selbstsicherheit und Überzeugungskraft zu trainieren.
- Oder wir übten sogenannte Superlativ-Reden, zum Beispiel: »Meine schönsten Ferien« oder »Mein größter beruflicher Erfolg« oder »Worauf ich in meinem Leben ganz besonders stolz bin« usw. Hier kam es darauf an, Emotionen zu zeigen und mit Begeisterung und Feuer zu sprechen.
- Natürlich hatte jeder die Gelegenheit, auch solche Reden vorzutragen, die er gerade privat oder beruflich

halten mußte, zum Beispiel eine kurze Tischansprache anläßlich einer Geburtstagsfeier oder eine kurze Ansprache anläßlich des zehnjährigen Treffens der Abiturientenklasse oder einen Vortrag über eine Seminararbeit.

Darüber hinaus konnte jeder dieses Privattraining auch zu Hause fortsetzen. Und hier kann ich Ihnen eine Übung empfehlen, die nicht nur sehr interessant, sondern auch sehr nützlich ist. Falls Sie mal mit Ihrer Familie oder Bekannten vor dem Fernseher sitzen und sich die Tagesschau anschauen, schalten Sie – wenn das möglich ist – das Gerät danach kurz aus, und fragen Sie die Anwesenden, woran sie sich denn jetzt noch erinnern. **Sie werden sehen, die Ausbeute ist sehr gering.** Einige können sich noch an ein paar Eindrücke von einem emotional stark aufwühlendem Thema erinnern (z.B. an ein Flugzeugunglück), aber die meisten können keine exakten Namens- und Ortsangaben mehr machen. Und genau bei diesen TV-Nachrichten können Sie mit Ihrem Rhetorik- und Gedächtnistraining einsetzen. Am besten in drei Stufen:

Stufe 1

Sie notieren die wichtigsten Aussagen der einzelnen Beiträge in Stichworten und versuchen im Anschluß daran (aber stehend wie ein Redner!), diese Nachrichten mit einem Blick auf Ihren Spickzettel möglichst anschaulich wiederzugeben.

Stufe 2

Sie dürfen sich von jedem Nachrichtenbeitrag nur ein Stichwort machen und müssen sich den Rest merken und alles zusammen in freier Rede wiedergeben. So bekommen Sie ein Gefühl dafür, wie entscheidend eine genaue Beobachtungsgabe für eine gute Rede ist.

Stufe 3

Sie verzichten auf Bleistift und Papier und merken sich Details der Tagesschau allein mit Ihrem Gedächtnis und geben dann alles in freier Rede wieder. Wie Sie Ihr Erinnerungsvermögen trainieren, finden Sie in einem eigenen Kapitel.

Wenn Sie die letzte Stufe geschafft haben, dann haben Sie eine ganze Reihe unverzichtbarer rhetorischer Fähigkeiten gelernt: **ein gutes Gedächtnis, das freie Vortragen, die Fähigkeit, unter Streß zu reden (also ohne Blackouts), die genaue Detailbeobachtung sowie ein Gefühl für das Timing,** also wie lange und ausführlich ein Beitrag sein darf. Und zuletzt haben Sie sicher auch ein Gefühl für die Dramatik bekommen, also wie Sie eine Geschichte aufbauen müssen, damit sie spannend und interessant wirkt. Wenn Sie diese Aufgaben ein paar Wochen, sagen wir jeden Tag etwa 15 Minuten lang, üben, dann haben Sie die besten Voraussetzungen für eine gute Rhetorik geschaffen.

VIII Auf dem Weg zur perfekten Rhetorik

Wie können Sie sich vor einer Rede in eine begeisterte Stimmung versetzen?

1. Führen Sie einen humorvollen Eigendialog

Zählen Sie dabei auf, warum es Ihnen heute Freude und Spaß macht, hier und jetzt aufzutreten. Und wenn es ein »fürchterliches Kaff« ist, dann sagen Sie zu sich: »Es war schon immer mein größter Wunsch, einmal in Übelhausen aufzutreten, und heute ist er in Erfüllung gegangen.«

2. Pfeifen oder summen Sie ein Lied

Natürlich nur, wenn Ihnen das Pfeifen Spaß macht und es Sie beschwingt.

3. Geben Sie lockere Sprüche von sich

Machen Sie es zum Beispiel Karl Valentin, dem Münchner Komiker, nach, der solche Sprüche häufig in die Welt setzte. Zum Beispiel: »Du bleibst da – und zwar sofort!«

4. Hören Sie sich im Auto eine echte Power-Musikcassette an

Hören Sie sich Melodien an, die Sie in Schwung bringen.

5. Bewegen Sie sich

Machen Sie eine Art »rhetorische Gymnastik«, indem Sie zum Beispiel geradezu übertrieben in der Weise gestikulieren, die man an hochmotivierten Rednern beobachten kann.

6. Denken Sie an die interessanteste Aussage Ihres Vortrags

Es sollte eine Aussage sein, die Sie selbst emotional berührt und begeistert.

7. Denken Sie an das Ziel Ihrer Rede

Formulieren Sie dieses Ziel in einem klaren Satz. Zum Beispiel: »Ich möchte, daß die Zuhörer nach der Rede so begeistert sind, daß sie auf mein Angebot voll eingehen!« (Oder: » ... daß sie mich für einen weiteren Vortrag engagieren.«)

8. Erinnern Sie sich an den letzten begeisternden Vortrag

Und vor allem daran, wie Sie sich dabei gefühlt und was Sie damals vorher getan haben. Versuchen Sie, das zu wiederholen. Stellen Sie sich auch die begeisterten Teilnehmer dieser Rede vor, wie ihre Augen damals leuchteten, wie sie applaudierten und wie sie begeistert mitmachten.

9. Sprechen Sie schon vorher mit einigen Zuhörern

Begeben Sie sich also nicht in die totale Isolation. Suchen Sie den Kontakt, und sprechen Sie in lebhafter Weise mit den Zuhörern, damit sie in Schwung kommen.

10. Setzen Sie sich keinesfalls unter Druck

Gehen Sie auf keinen Fall davon aus, daß Sie jetzt eine Superrede halten müssen, daß Sie von allen Rednern der beste sein müssen und daß diese Rede über Ihr Schicksal entscheiden wird. Sagen Sie nur zu sich: »Ich werde jetzt mein Bestes geben.« Das genügt.

Wie man Standing ovations erreicht

Wenn ich mich an die Reden erinnere, bei denen ich Standing ovations bekommen habe, dann sind im wesentlichen immer wieder ganz bestimmte Gründe dafür ausschlaggebend gewesen. Als Beispiel möge eine Rede dienen, die ich vor etwa 300 Mitarbeitern einer Verkaufsorganisation gehalten habe. Damit Sie die Gründe besser verstehen, führe ich zu jedem Punkt auch ein ganz bestimmtes Detail aus dieser Rede an, die dasselbe Thema wie mein Bestseller »Kunden kaufen nur von Siegern« hatte:

1. **Je mehr Übung, um so besser**
   Diese Rede war die dritte innerhalb von vier Tagen. Dadurch wird man nicht nur eloquenter und strahlt mehr Sicherheit und Überzeugungskraft aus, sondern man spricht auch freier und engagierter. Außerdem geht man emotional mehr aus sich heraus, spricht die Teilnehmer direkter an und bringt auch alle Witze, Gags und Aktionen freier und überzeugender.

2. **Ein Thema wählen, das begeistert**
   Die Rede basierte auf meinem Buch »Kunden kaufen nur von Siegern«, an dem ich fast ein Jahr lang gearbeitet hatte, so daß ich das Thema gut beherrschte. Andererseits begeistert mich gerade dieses Thema immer wieder aufs neue.

3. **Gefühle ansprechen**
   Ich habe zu den Teilnehmern, die ihr Verkaufsgeschäft meistens nebenberuflich betreiben, zum Beispiel gesagt: »Sie sind heute nicht wegen einer besseren Nebenbeschäftigung da, sondern weil Sie ein Gefühl der Unzufriedenheit mit Ihrem Leben und Ihrem Berufserfolg verspüren ...«

4. **Die Leichtigkeit des Zieles hervorheben**
   Ich habe den Teilnehmern anhand eines konkreten Beispiels Mut gemacht. Ich habe ihnen zum Beispiel gezeigt, daß selbst Leute, die vorher noch nie Golf gespielt haben, eine Runde mitspielen können – vorausgesetzt, sie reden sich vorher nicht permanent ein, daß Golf ein sehr schwieriger Sport sei, den man unmöglich sofort betreiben könne.

5. **Den Zuhörern ins Gewissen reden**
   Die Zuhörer fühlten sich »ertappt«, als ich ihnen sagte, wie oft zum Beispiel ein Ehepartner den anderen für seinen Berufs- und Lebenserfolg verantwortlich macht, statt allein die volle Verantwortung zu übernehmen.

6. **Humor einsetzen und die Zuhörer zum Lachen bringen**
   Da es manchmal sehr schwer ist, spontane Wortspielereien oder Gags zu bringen, die genau auf die augenblickliche Situation der Zuhörer zutreffen, habe ich mir mit der Methode von Harald Schmidt geholfen. Er nimmt plötzlich ein paar Karten zur Hand und sagt: »Gerade habe ich folgende Meldungen hereinbekommen«, und dann läßt er seine provozierenden Sprüche vom Stapel. Humor ist heute sehr wichtig, denn lachen entspannt und schafft eine positive Atmosphäre.

7. **Beispiele bringen**
   Ich habe mich vorher stundenlang mit dem verantwortlichen Vertriebsleiter unterhalten, um mir ein ganz genaues Bild von der Situation, den Aufgaben und den Schwierigkeiten der Mitarbeiter zu machen und bin dann in meinen Beispielen genau auf diese Situationen eingegangen. Das bewirkte eine enorm hohe Identifikation mit der Rede.

8. **Locker bleiben**
   Trotz intensiver Vorbereitung habe ich am Tag des Vortrags, der um 13 Uhr begann, keine weitere Vorübungen mehr gemacht, sondern mich entspannt. Hier gilt: Über-Vorbereitung schafft Streß, Entspannung schafft Energie!

9. **Konkrete Empfehlungen geben**
   Die Zuhörer bekamen unter anderem die sogenannte Einstein-Formel vorgestellt, mit der sie sich relativ rasch aus Negativ-Stimmungen herausreißen können. So etwas kann jeder im Verkauf brauchen. Je mehr so-

fort einsetzbare Tips die Zuhörer mitbekommen, um so eher haben sie das Gefühl, daß sich der Vortrag für sie gelohnt hat.

10. **Eine Lebensvision aufzeigen**
Jeder Zuhörer möchte aus einem Vortrag über die Motivation Anregungen für eine bessere Lebensvision ziehen. Ich habe ihnen aufgezeigt, welche Chancen sie mit ihrem Angebot nicht nur hinsichtlich eines besseren Verdienstes und einer höheren Karriere haben, sondern auch in bezug auf eine echte Lebensaufgabe.

11. **Die Stimmung hochfahren**
Dazu gehört, daß mein Vortrag schon im letzten Jahr schon auf eine sehr positive Resonanz gestoßen war, so daß eine hohe Erwartungshaltung vorhanden war. außerdem habe ich den Veranstalter gebeten (was an sich überflüssig war), mich durch einen »Applaus« begrüßen zu lassen. Hier gilt: Der erste Applaus bricht den Bann, und wer einmal klatscht, der klatscht auch öfter.

12. **Außergewöhnliche Aussagen machen**
Die Zuhörer sind immer an Neuem – an neuen Ideen, Erkenntnissen und Informationen – interessiert. Also stellte ich ihnen ein paar verblüffende neue Ideen vor, z.B. daß 78 Prozent aller Verkaufsabschlüsse im Privatbereich nur dann zustande kommen, wenn es dem Verkäufer gelingt, den Kunden in einen Zustand der Begeisterung zu versetzen.

13. **Zum Beifall animieren**
Es ist besser, wenn die Zuhörer eher dicht gedrängt als isoliert sitzen. Es kann sehr vorteilhaft sein, wenn zwei oder drei Zuhörer an den richtigen Stellen mit dem Beifall einsetzen, denn dann folgen die anderen Zuhörer oft sehr schnell nach.

14. **Zuhörer ermutigen**
    Am gespanntesten hören die Menschen zu, wenn man genau die Probleme und Situationen anspricht, die ihnen jeden Tag am meisten zu schaffen machen – und wenn man ihnen zeigt, wie sie diese Probleme lösen können. Zum Beispiel: Wie kann ich mit gleichem Einsatz mehr Umsatz erreichen? Wie kann ich mich trotz aller privaten und beruflichen Schwierigkeiten dauerhaft motivieren? Wie kann ich meine Mißerfolge und Rückschläge überwinden?

15. **Menschliche Probleme dramatisieren**
    Ein Vortrag über Sachthemen wird die Zuhörer nie so ansprechen wie ein Vortrag über menschliche (private oder berufliche) Probleme. Deshalb habe ich auch bei dieser Rede den persönlichen Aspekt besonders hervorgehoben. Zum Beispiel: Man kann sagen, daß das berufliche Wissen eines Mitarbeiters eine wichtige Basis für seinen Erfolg darstellt. Man kann aber auch sagen – und das ist die emotionale Komponente –, daß die Größe des Fachwissens bei einem Mitarbeiter genau seinen Glauben an sich und seinen zukünftigen Erfolg widerspiegelt.

Was macht den Redner wirklich erfolgreich?

Ging es bei der Analyse der Standing ovations mehr um die inhaltlichen Regeln, so geht es jetzt vor allem um die wichtigsten Persönlichkeitsfaktoren für einen Redner. Ich glaube, sie sind letztlich entscheidend für den Redeerfolg. Nach einer besonders geglückten Rede, die ich vor etwa 30 Führungskräften in dem wunderschönen Hotel »Vila Joya« an der Algarve hielt, bat ich einen Zuhörer, der mich zuletzt vor rund zwei Jahren gehört hatte, mir zu sagen, worin denn der Unterschied zwischen diesen beiden Reden bestanden hätte.

Hier seine Aussagen, die für jeden, der rhetorisch erfolgreich sein will, von besonderer Bedeutung sind. Er gab mir folgendes Feedback:

- Früher hatten Sie Angst bzw. eine gewisse Scheu oder Hemmungen, auf die Zuhörer zuzugehen. Und das spürten die Zuhörer. Heute haben Sie **keine Schwellenangst mehr** vor dem Publikum, sondern gehen auch mitten ins Publikum hinein.

- Früher haben Sie vor den Zuhörern oft eine unsichtbare Barriere hochgezogen, statt mit ihnen zu reden. Heute reden Sie mit den Zuhörern, sind Sie ein **Teil der Zuhörer**, also „einer von ihnen«, und daher springt auch der Funke viel direkter über.

- Früher haben Sie über ein Thema gesprochen, ohne sich selbst mit eigenen Beispielen und Erfahrungen einzubringen. Heute reden Sie auch von Ihren **eigenen Erfahrungen**. Das macht Ihre Rede viel persönlicher.

- Früher haben Sie aus der Distanz über ein Thema gesprochen, ohne es wirklich zu kennen. Heute fragen Sie vorher die Leute aus dieser Branche bzw. diesem Berufsbereich und versuchen, ihre Probleme wirklich kennenzulernen. Dadurch wirken Sie **viel authentischer.**

- Früher haben Sie sich zuwenig für Ihre Zuhörer interessiert, haben zuwenig zugehört und sind auch zu wenig auf sie persönlich eingegangen. Heute machen Sie genau das Gegenteil und wirken daher auch **viel persönlicher.**

- Früher waren Sie bei Ihren Reden oft nicht authentisch, haben also über Themen gesprochen, die Sie nicht wirklich berührten oder betrafen. Heute sprechen Sie wirklich nur noch über die **Themen, die Sie persönlich berühren** und wirken dadurch wesentlich sicherer und überzeugender.

- Früher waren Sie noch nicht so begeisternd und entsprachen nicht immer der Aufforderung des Hl. Augustinus, der einmal sagte: »Du mußt selbst brennen, wenn du andere entzünden willst!« Heute können Sie die **Leute begeistern**, weil man spürt, daß Ihnen Ihr Thema wirklich am Herzen liegt.
- Früher blieben Sie kerzengerade hinter dem Pult stehen. Heute gehen Sie hinter dem Pult hervor und unterstreichen Ihren Vortrag mit einer **Körpersprache**, die sehr viel ausdrückt.
- Früher hat man nur auf Sie geblickt, aber man war von dem Inhalt nicht so gefangen. Heute übertragen sich Ihre Sicherheit und Ihre **Identifikation mit dem Thema** sofort auf die Zuhörer, und das fasziniert sie.
- Früher hatte man das Gefühl, daß Sie beim Reden unter einer gewissen Anspannung stehen. Heute scheinen Sie sich **beim Reden wirklich wohl zu fühlen**, wahrscheinlich auch deshalb, weil Ihnen Ihre Themen jetzt viel mehr zusagen.
- Früher hatte man das Gefühl, daß Sie Ihren Vortrag nur gut zu Ende bringen wollten. Heute spürt man, daß Sie die **Zuhörer überzeugen wollen**, ja, daß Sie den Erfolg wirklich wollen.

Die 20 schlimmsten Fehler, die einen Redeerfolg sabotieren können

1. **Falsche Themenwahl:** Man wählt ein Thema, bei dem man zuwenig kompetent ist und das einen persönlich nicht wirklich berührt.
2. **Manuskript ablesen:** Das Manuskript wird wörtlich ausgearbeitet und dann abgelesen.

3. **Themenverfehlung:** Man spricht an den Erwartungen der Zuhörer vorbei und referiert über Inhalte, die die Zuhörer gar nicht interessieren.
4. **Langatmige Ausführungen:** Die Details werden in allen Einzelheiten breitgetreten.
5. **Abstrakte Sprache:** Die Rede wimmelt von Fakten, Daten und Zahlen – ohne persönliche Beispiele.
6. **Aufzählungen:** Bestimmte Aussagen werden in zehn Punkten abgehandelt, was zu einer Ermüdung der Zuhörer führt.
7. **Schlampige Sprechweise:** Die Rede verliert durch Hast, Nervosität, zu schnelles Tempo, fehlende Pausen und fehlende Betonungen an Wirkung.
8. **Humorlosigkeit:** Eine trockene und farblose Darstellung ohne jeden Humor bewirkt Langeweile und Ermüdung bei den Zuhörern.
9. **Fehlender roter Faden:** Die Argumentation kann von den Zuhörern nicht mehr logisch bzw. schlüssig nachvollzogen werden.
10. **Fehlender Nutzen:** Die Zuhörer wissen nicht, auf welche Weise sie von dem Vortrag profitieren können.
11. **Distanzierung:** Die Sachthemen stehen im Vordergrund, ohne daß Bezug auf die Zuhörer genommen wird.
12. **Selbstlob:** Der Redner stellt sich selbst als besonders lobenswert heraus.
13. **Zeitüberschreitung:** Der Redner vergißt in seiner eigenen Begeisterung, auf die Uhr zu schauen und das vorgesehene Ende einzuhalten.
14. **Organisationsmängel:** Die Folien sind in den letzten Reihen nicht mehr lesbar.

15. **Unverständlichkeit:** Die Zuhörer verstehen den Redner nicht, weil er entweder zu leise spricht oder weil das Mikrofon seine Stimme verzerrt.

16. **Schlechte Aussprache:** Der Redner beendet die Sätze nicht korrekt bzw. spricht die Endsilben nicht korrekt aus.

17. **Überladene Folien:** Die Folien beinhalten mehr als drei bis vier Zeilen und wirken dadurch verwirrend.

18. **Fehlende Vorbereitung:** Die Witze, Gags, Spiele und Übungen wurden vorher nicht genau durchdacht und geprobt – und wirken daher »hölzern«.

19. **Druck:** Der Redner setzt sich selbst unter Druck, indem er eine ganz besonders tolle Rede halten will.

20. **Unterschätzung:** Der Redner unterschätzt, was er an Motivation, Energie, Kraft und Witz braucht, um die Zuhörer von heute zu begeistern, so daß der Funke nicht überspringt.

IX Checkliste zur Vorbereitung einer motivierenden Rede

Fragen Sie sich:

Authentischen Thema

- ❑ Sind Ihre Aussagen authentisch?
- ❑ Sprechen Sie über etwas, worüber Sie wirklich etwas zu sagen haben?
- ❑ Sprechen Sie über persönliche Erfahrungen?

Emotionale Berührung

- ❑ Berührt Sie das Thema auch gefühlsmäßig?
- ❑ Spornt es Sie an, bestimmte Antworten auf bestimmte Fragen zu finden?
- ❑ Macht es Sie neugierig?

Kernidee

- ❑ Wie lautet die Kernidee bzw. Kernaussage Ihres Vortrags?
- ❑ Kommt sie vor, während und am Schluß des Vortrags klar zum Ausdruck?

Feedback

- ❑ Haben Sie mit Leuten über Ihr Thema gesprochen, die auf diesem Gebiet erfolgreich waren, und ihre Aussagen auch verwertet?

Nutzen

- ❑ Haben Sie für die Zuhörer klare Resultate, Tips oder Vorschläge, mit denen sie in der Praxis etwas anfangen können?

Sympathiegewinnung

- ❑ Haben Sie etwas – zum Beispiel Dank, Anerkennung oder Komplimente –, um am Anfang der Rede gleich die Sympathie der Zuhörer zu gewinnen?

Neugierde

- ❑ Haben Sie etwas – zum Beispiel ein Versprechen, ein provozierendes Untersuchungsergebnis ... –, mit dem Sie sofort die Neugierde der Zuhörer wecken können?

Beispiele

- ❑ Haben Sie konkrete Beispiele aus der Praxis, die Ihre Theorien verdeutlichen und die Zuhörer faszinieren?
- ❑ Stammen diese Beispiele aus der Branche der Teilnehmer?

Erfolgsbeweise

- ❑ Haben Sie für die Teilnehmer Erfolgsbeweise, die sie selbst sofort nachvollziehen können?

Geschichten

- ❑ Haben Sie lebendige, emotionale Geschichten, die die Phantasie und Vorstellung Ihrer Zuhörer ansprechen und im Gedächtnis haften bleiben? Und die sich auch gut erzählen lassen?

Vergleiche

- ❑ Haben Sie gute bildhafte Vergleiche (Schwarz-Weiß-Vergleiche, Bild-Vergleiche, Ernst-Heiter-Vergleiche), um die Unterschiede herauszuheben und zu verdeutlichen?

Hammersätze

- ❑ Haben Sie die wichtigsten Ausführungen bzw. Kapitel in einprägsamen Hammersätzen zusammengefaßt?

Persönlicher Bezug

- ❑ Haben Sie Ihre Ausführungen direkt auf das Umfeld, die Tätigkeit, die Probleme der Zuhörer abgestellt, so daß sie sich voll damit identifizieren können?
- ❑ Sind die Ausführungen so nah wie möglich bei den Zuhörern?

Motivansprache

- ❑ Haben Sie den Teilnehmern gesagt, wie sie einerseits mehr Anerkennung, mehr Gewinn (Erfolg), mehr Sicherheit und mehr Annehmlichkeiten gewinnen und andererseits Kritik, Verlust (Mißerfolge), Unsicherheit (Angst) und Streß vermeiden können?

Humor

- ❑ Haben Sie pro Kapitel wenigstens eine lustige Anekdote, einen Gag, einen Witz, ein Wortspiel eingebaut, um die Stimmung aufzulockern?

Teilnehmeraktivierung

- ❑ Haben Sie die direkte Ansprache der Teilnehmer sowie verschiedene Forum- und Gruppenübungen vorgesehen, um die Teilnehmer zu aktivieren?

Spielszenen	❑ Können Sie bestimmte Aussagen auch in Form von nachgespielten Szenen verdeutlichen?
Schlußpointe	❑ Haben Sie für den Schluß eine besondere Pointe vorbereitet?
Stichwortkonzept	❑ Kennen Sie die Inhalte Ihrer Rede so gut, daß Sie pro Aussage mit einem Stichwort auskommen und alle Stichwörter auf ein bis drei Seiten – pro Stichwort eine Zeile – Platz haben?
Folien	❑ Haben Sie Folien für den Vortrag, oder können sie darauf verzichten? Sind die Folien auch in der letzten Reihe lesbar?

X Beurteilungsbogen

Wie beurteilen Sie sich selbst? Wie werden Sie von anderen beurteilt?

6 Punkte (»ausgezeichnet«) sind die Höchstzahl!

Auftreten und Körperhaltung

- ❑ Sicherer Gang zum Rednerpult
- ❑ Sichere Haltung ohne Anlehnen
- ❑ Angemessene Kleidung
- ❑ Unauffällige Manuskriptvorlage
- ❑ Offener Blickkontakt
- ❑ Konzentration vor Redebeginn
- ❑ Steht ruhig auf beiden Beinen
- ❑ Bewußt eingesetzte Gestik
- ❑ Bewegliches Mienenspiel
- ❑ Extravertierte Körperhaltung
- ❑ Bewußter erster Sprecheinsatz

Zuhörergewinnung

- ❑ Macht Thema interessant
- ❑ Erringt Aufmerksamkeit
- ❑ Gewinnt Sympathie und Vertrauen
- ❑ Trifft Motive der Zuhörer
- ❑ Spricht Gefühle der Zuhörer an
- ❑ Nennt Kerngedanke bzw. Ziel
- ❑ Nennt Vorteile für Zuhörer

Sprache und Satzbau

- ❑ Kurze Sätze
- ❑ Klarer Satzbau
- ❑ Kurze Wortlängen
- ❑ Klare Verständlichkeit
- ❑ Treffende Beispiele
- ❑ Interessante Vergleiche
- ❑ Einprägsame Bilder
- ❑ Rhetorische Stilmittel
- ❑ Klare Gliederung
- ❑ Aktive Ausdrucksweise
- ❑ Sie-Formulierungen

Rednerpersönlichkeit

- ❑ Hat eigene Gedanken
- ❑ Bringt originelle Gedanken
- ❑ Sagt persönliche Meinung
- ❑ Berichtet von persönlichen Erfahrungen
- ❑ Berichtet von persönlichen Erlebnissen
- ❑ Bringt interessante Brükkenschläge
- ❑ Steht hinter dem, was er sagt

Vortragstechnik

- ❑ Atmet vernünftig
- ❑ Artikuliert klar
- ❑ Hat Resonanz in der Stimme
- ❑ Variiert seine Lautstärke
- ❑ Spricht tief und hoch
- ❑ Variiert sein Sprechtempo
- ❑ Betont Wichtiges
- ❑ Macht richtige Pausen
- ❑ Hat offenen Blickkontakt
- ❑ Überspielt Versprecher
- ❑ Demonstriert/präsentiert gut
- ❑ Bringt Abwechslung der Methoden

Wirkung

- ❑ Hält die Redezeit ein
- ❑ Drückt sich präzise aus
- ❑ Bringt Zusammenfassungen, Merksätze, Formeln
- ❑ Ist persönlich engagiert
- ❑ Spricht frei, überzeugend
- ❑ Spricht mit Schwung und Begeisterung
- ❑ Reißt zur Aktivität mit

XI Checkliste für jeden Redner

Was sollten Sie vor jeder Rede berücksichtigen?

Zeit

- ❑ Abfahrtszeit (Aufbruch von zu Hause)
- ❑ Reisezeit (Fahrzeit, Parkplatzsuche, Garderobe)
- ❑ Vorbereitungszeit (Abstimmung mit Veranstalter, Kontrolle von Raum, Tischordnung, Pult, Mikrofon ...)
- ❑ Konzentrationszeit (Entspannung, Wiederholung)

Raumkontrolle

- ❑ Beleuchtung (blendfrei, Regulierungsmöglichkeiten)
- ❑ Tischordnung (U-Form, Rechteck, Halbkreis, Forum, Lesbarkeit der Namensschilder, Sehprobe)

Podiumskontrolle

- ❑ Rednerpult (Standfestigkeit, richtige Höhe, blendfrei)
- ❑ Beistelltisch für Unterlagen, Stuhl
- ❑ Büchertisch für Fachliteratur
- ❑ Getränke (Glas Wasser)
- ❑ Mikrofon (Lautstärke, Sprechprobe)

Medien

- ❑ Tafel (Kreise, nasser Schwamm, trockener Lappen)
- ❑ Overheadprojektor (volle Cellophanrolle, lose Folien, verschiedenfarbige Stifte, Reservestifte, Ersatzbirne, Leinwand)

	❑ Diaprojektor (Verdunklung, Leinwand) ❑ Zubehör (Zeigestab, Verlängerungskabel, Mehrfachstecker) ❑ Kontrolle (Funktion, Bildschärfe, Sehprobe)
Manuskript	❑ Vollständigkeit (durchnumerierte Seitenzahl) ❑ Stichwortzettel (Vollständigkeit, Lesbarkeit) ❑ Einleitungs- und Schlußformeln (wörtlich formulieren) ❑ Aufbewahrungsort
Abstimmung mit Veranstalter	❑ Vorstellung des Redners (Personalia, eigene Vorstellung) ❑ Erwartete Ehrengäste (Aufnahme in Einleitungsformel) ❑ Genauer Redebeginn ❑ Pause (wann, wie lange, akustisches Zeichen) ❑ Diskussion (wer, wie lange, worüber, Leitung) ❑ Hinweis auf Bücherverkauf ❑ Redeschluß (Dank an Veranstalter) ❑ Geselliges Beisammensein nach der Rede

Womit Sie bei einem Redeauftritt rechnen müssen

Nach der alten Murphy-Regel, daß alles passiert, was passieren kann, sollten Sie schon im voraus mit folgenden Überraschungen rechnen und überlegen, was Sie im Ernstfall dagegen tun können:

- Ihr Vortrag fängt aus irgendwelchen Gründen 20 Minuten später als vorgesehen an, und Sie geraten wegen der Abfahrtszeit Ihres Zuges oder der Startzeit Ihres Flugzeugs unter Streß.

Tip: Entweder Sie überlegen in diesen 20 Minuten, wie Sie den Vortrag zeitlich und inhaltlich kürzen können, oder Sie kalkulieren künftig schon bei der Reiseplanung spätere Rückfahrmöglichkeiten mit ein.

- Sie kommen an, und es ist – trotz Ihrer Vorbestellung – kein Overheadprojektor da. Genauso müssen Sie damit rechnen, daß die Birne des Overheadprojektors ausfällt und und nicht sofort ersetzt werden kann.

Tip: Sie sollten immer fähig sein, den Vortrag auch ohne Folien vorzutragen, oder eine Ersatzbirne dabeihaben.

- Sie finden Ihr Rednerpult auf dem Podium, zirka fünf Meter von der ersten Reihe entfernt, obwohl Sie darum gebeten haben, es einen Meter vor der ersten Reihe aufzustellen.

Tip: In diesem Fall sollten Sie auf dem Umbau des Rednerpultes bestehen, oder Sie sollten in der Lage sein, allein mit einem Umhängemikrofon frei vor der ersten Reihe zu reden.

- Sie bemerken bei der Probe, daß aufgrund des Tageslichts Ihre Overheadfolien nur sehr schlecht zu lesen sind.

Tip: Sie haben nur zwei Möglichkeiten: Entweder Sie bringen alle Ihre Folien in einem Block und bitten darum, solange die Fenster zu verdunkeln, oder Sie verzichten auf die Folien. Das Ablesen schwacher Folien bringt in jedem Fall Minuspunkte.

- Sie wollen sich zehn Minuten vor dem Auftrag im Vortragssaal entspannen, stellen aber fest, daß dort laute Begrüßungsmusik abgespielt wird.

Tip: Sie bitten den Veranstalter um Ruhe oder lassen sich einen ruhigen Raum zur Verfügung stellen und sich kurz vor dem Vortrag abholen.

- Sie haben um ein Umhängemikrofon gebeten und stellen nun fest, daß nur ein Standmikrofon zur Verfügung steht.

Tip: Da Sie in einem solchen Fall meistens nichts mehr ändern können, müssen Sie sich auf derartige Situationen vorher einstellen, also auch an einem festen Mikrofon eine deutliche Gestik zeigen können.

- Sie bemerken, daß das Leselämpchen am Rednerpult sehr schwach ist, so daß Sie Ihren Text kaum lesen können.

Tip: Sie sollten Ihren Vortrag so gut beherrschen, daß Sie mit Hilfe der wichtigsten Stichworte, die Sie auf zwei oder drei Seiten notiert haben, den Vortrag ohne Mühe halten können.

- Sie werden von dem Veranstalter mit sehr schwachen, nichtssagenden Worten eingeführt.

Tip: Sie bereiten immer eine kurze Eigenpräsentation vor, mit der Sie sich noch selbst vorstellen können, oder Sie übergeben dem Veranstalter schon vorher eine vorbereitete Präsentation.

- Sie kommen in einen Saal und merken, daß er nur sehr spärlich besetzt ist und die Zuhörer sich über den ganzen Raum verteilt haben.

Tip: Sie bitten die Zuhörer, zu Ihnen vorzukommen und alle in den vorderen Reihen Platz zu nehmen.

- Sie können mit Ihrer Rede erst wesentlich später anfangen, da Ihr Vorredner seine Zeit überzogen hat, und wissen nun nicht, wann Sie aufhören müssen.

Tip: Sie schauen genau auf die Zuhörer. Solange sie alle still und voll konzentriert sind, können Sie weitersprechen. Falls Sie aber die ersten Zeichen einer Unruhe bemerken, sollten Sie, unabhängig von der Zeit, möglichst schnell Schluß machen.

- Sie sollen über vier Stunden eine Mischung zwischen Vortrag und Kurzseminar halten, stellen jedoch bei der Besichtigung des Saales fest, daß nur Stuhlreihen, aber keine Tische vorhanden sind.

Tip: Falls sich keine Tische mehr besorgen lassen, sollten Sie immer ein paar Übungen parat haben, mit denen Sie die Teilnehmer zur Mitarbeit aktivieren können.

Was einen lebendigen und mitreißenden Redner von einem monotonen und langweiligen unterscheidet

Der langweilige Redner	*Der mitreißende Redner*
spricht über ein Thema	spricht mit den Zuhörern
bleibt hinter dem Rednerpult	geht auf die Zuhörer zu
steht meist kerzengerade da	zeigt eine lebhafte Körpersprache
bringt Aufzählungen	zählt in lockerer Reihenfolge auf
argumentiert mit Zahlen	überzeugt durch Geschichten
bringt Daten, Fakten, Statistiken	erzählt Anekdoten, Beispiele

zeigt kaum Humor	entspannt die Zuhörer durch Lachen
spricht in indirekter Rede	gebraucht die wörtliche Rede
redet sehr ernst	zeigt, daß ihm die Rede, das Thema und der Kontakt mit den Zuhörern Spaß macht
spricht abstrakt und allgemein	bezieht alle Aussagen und Beispiele auf die Vorstellungswelt der Zuhörer
beschreibt ein Verhalten	spielt es selbst vor
zeigt verschlossene Haltung	zeigt offene Körperhaltung
setzt kaum Gesten ein	setzt gezielt Gesten ein
respektiert sein Publikum	liebt sein Publikum
ist an seinem Thema interessiert	ist von seinem Thema begeistert
liest sehr viel vom Blatt ab	spricht frei
hat wenig Blickkontakt zu den Zuhörern	hat sehr viel Blickkontakt, schaut bewußt einzelne Zuhörer an
setzt viele Folien ein	setzt relativ wenig Folien ein
verwendet eine ausgefeilte Sprache	spricht sehr spontan

XII Checkliste für die Organisation von Redeveranstaltungen

Hinweisschilder

- ❑ Hotel, Stockwerk, Raum, Parkplatz, Garderobe
- ❑ Sekretariat, Information, Pressebetreuung
- ❑ Kasse, Anmeldung, Kontrolle

Raum

- ❑ Beleuchtung (blendfrei, Regulierung)
- ❑ Tischordnung (möglichst nah ans Rednerpult, möglichst Breite, nicht Tiefe, des Saales nutzen, möglichst Grätenform, vordere Plätze zuerst auffüllen, überflüssige Plätze hinten absperren)
- ❑ Reservetische und Reservestühle
- ❑ Zuhörerunterlagen (Block, Kugelschreiber, Broschüren, Namensschilder)
- ❑ Temperatur (Regulierung von Heizung und Klimaanlage)
- ❑ Reservierte Plätze für Ehrengäste
- ❑ Dekoration (Blumen, Hinweisschilder, Leitsätze)

Rednerpodium

- ❑ Rednerpult (Standfestigkeit, Höhe)
- ❑ Beistelltisch für Unterlagen, Stuhl
- ❑ Büchertisch zur Ausstellung von Fachliteratur
- ❑ Getränke (Glas Wasser)

- ❑ Diskussionsforum (Tische, Stühle, Mikrofone, Namensschilder)
- ❑ Mikrofon (Lautstärke, Sprech- und Hörprobe)
- ❑ Beleuchtung (blendfrei, Lesbarkeit)

Medien

- ❑ Tafel (Kreide, nasser Schwamm, trockener Lappen)
- ❑ Overheadprojektor (volle Cellophanrolle, Ersatzrolle, lose Folien, verschiedenfarbige Stifte plus Reservestifte, Ersatzbirne, Leinwand, Überprüfung der Bildschärfe, Sehprobe von den hinteren Reihen)
- ❑ Diaprojektor (s. Overheadprojektor, Verdunkelungsmöglichkeit)
- ❑ Zubehör (Verlängerungskabel, Zeigestab, Mehrfachstecker)
- ❑ Anwesenheit eines Elektrikers

Ablauf

- ❑ Rauchverbot (Hinweistafeln, Aschenbecher für Pause)
- ❑ Pausen (Zeit, Räumlichkeiten, Service, Durchlüften)
- ❑ Getränke (Service, Bezahlung)
- ❑ Informationsstellen (Telefon, Auskünfte)
- ❑ Eröffnung (Programmhinweise, Organisationsauskünfte, Zeitablauf, Begrüßung der Ehrengäste, Hinweise auf das Thema, Vorstellung des Redners)

Was vor, während und am Ende der Rede bzw. des Seminars wichtig ist

1. Rednerpult, Overheadprojektor und Flipchart (mit Stiften), Beistelltisch und Nähe zur ersten Stuhlreihe kontrollieren
2. Büchertisch bereitstellen
3. Tonbandgerät bereitstellen
4. Redemanuskript bereitlegen (ein Stichwort pro Zeile in Großbuchstaben) bzw. den Protokollanten eines Seminars bestimmen
5. Unterlagen auslegen
6. Lesbarkeit der Folien kontrollieren
7. Alle Witze und Wortspiele vorher wiederholen
8. Übungen und Spiele bewußt ins Gedächtnis rufen bzw. nochmals durchgehen
9. Vorstellung der eigenen Person dem Veranstalter übergeben und um einen **Begrüßungsapplaus** bitten
10. Deklaration machen: Ich will eine gute Rede halten!
11. Genaue **Anfangszeit** und **Schlußzeit** festhalten bzw. einprägen, ebenso die **Pausenzeiten**
12. Zum Schluß fragen:
    - Welche Anekdote hat Ihnen am besten gefallen?
    - Welche Idee war am interessantesten?
    - Welche Anregung werden Sie konkret als erste umsetzen?
    - Wie beurteilen Sie Referent, Inhalt, Präsentation und Praxisnutzen mit Noten zwischen 1 und 4?

XIII Zusammenfassung

Wie man einen Vortrag vorbereitet, schreibt, korrigiert, einübt und hält!

Vorbereitung

1. Welche Informationen brauchen Sie?

- Datum der Veranstaltung (Vorbereitungszeit?)
- Zeitpunkt (physische und psychische Verfassung der Zuhörer)
- Ort (spezielle Orts- und Publikumsmerkmale?)
- Redezeit (Manuskriptumfang? Aufnahmefähigkeit?)
- Anlaß der Veranstaltung (Kleidung, Rahmen ...?)
- Ziel der Veranstaltung (Erwartung der Veranstalter?)
- Vor- und Nachredner (Namen? Themen? Themenabgrenzung notwendig?)
- Ehrengäste (Namen? Stellung? Titel? Wer begrüßt?)
- Presse (Manuskript-Kurzfassung?)
- Zahl der Zuhörer (Einstellung auf Zahl, Raum, Akustik, Umgebung)
- Niveau der Zuhörer (Kenntnis- und Bildungsstand?)
- Beruf der Zuhörer (für spezielle Berufsmerkmale?)
- Erwartung der Zuhörer (Eingehen auf Motive, Wünsche, Probleme)

2. Wie suchen, finden, sammeln und werten Sie aus?

- Arbeitstitel wählen (um noch flexibel zu bleiben)
- Aktuelle Zeitungs- und Zeitschriftenartikel suchen (für Trendanalyse)
- Eigene Aufsätze, Notizen, Beiträge durchsehen (evtl. eigenes Archiv?)
- Persönliche Erlebnisse und Erfahrungen niederschreiben
- Buchauszüge kopieren
- Jede Information einzeln auf ein DIN-A4-Blatt kleben (Einheitlichkeit) und mit einem Stichwort versehen
- Alle einzelnen Stichwort-Beiträge nach Themenbereichen aufteilen und in Klarsichthüllen sammeln (obenauf: Leitkarte mit Themen-Stichwort, darunter: pro Beitrag das Einzelstichwort)
- Vorhandenes Material durchsehen, befragen und fehlende Beweise, Übergänge, Beispiele, Vergleiche, Begründungen feststellen
- Erste Gliederung aufstellen (Einzelstichworte der Reihenfolge nach sortieren und zum roten Faden verknüpfen)
- Gezielte Suche nach fehlendem Material (Zahlen, Statistiken, Analysen, Beispielen, Meinungen) in:

  Bibliotheken (Universitäts-/Stadtbibliotheken), bei den Industrie- und Handelskammern, bei den Landesgruppen des Rationalisierungskuratoriums der deutschen Wirtschaft (RKW), bei den Wirtschaftsforschungsinstituten, bei dem Bundesamt für Statistik und den statistischen Landesämtern, beim Deutschen Patentamt, bei den überregionalen Zeitungs- und Zeitschriftenverlagen, bei den Lokalzeitungen, bei den Verbänden (Fachverbänden), Behörden und Organisationen der Wirtschaft, die im gleichnamigen Handbuch des Hoppenstedt-Verlags, Darmstadt, aufgeführt sind

- Diskussion des Themas mit Nicht-Fachleuten (Bekannten, Freunden)
- Diskussion mit Fachleuten, Autoren, Praktikern ... (Interviews)
- Neue Gliederung aufstellen und laut durchsprechen
- Gesamtes Material laut durchsprechen (um zu hören, wie es »klingt«)

Ausarbeitung des Manuskripts

3. Was sollten Sie hierbei berücksichtigen?

❑ **Form**

- Jede Seite nur einseitig beschreiben
- Breiten Rand rechts freilassen (für spätere »Regieanweisungen«)
- Größere Schrifttype verwenden (Lesbarkeit auf 50 cm)
- Stoff in möglichst viele Einzelabschnitte aufteilen (Übersichtlichkeit)
- Keinen Abschnitt auf eine andere Seite weiterführen
- Platz lassen auf der ersten Seite (Begrüßung der Ehrengäste)
- Manuskript nicht heften, sondern einzelne Seiten lose aufeinanderlegen, um sie beim Vortrag leicht von rechts nach links schieben zu können
- Bereits ersten Entwurf möglichst sauber und übersichtlich schreiben (am besten mit Schreibmaschine)

❑ **Kreativität**

- Nicht stundenlang nach dem ersten Satz suchen. Mit dem interessantesten Abschnitt beginnen.
- Nicht sofort nach »druckreifen« Sätzen suchen, sondern mit dem Schreiben beginnen, um in den Schreibrhythmus zu kommen. Lieber später noch einmal neu schreiben.

- Bei Denk- und Schreibblockaden nicht über dem Thema brüten, sondern Notizen in die Hand nehmen, dabei auf- und abgehen und versuchen, laut darüber zu referieren, so als ob Sie einem Besucher von Ihrem Thema erzählten.

❑ Schreibtechnik

- Pro Satz nur eine Tatsache, einen Gedanken, eine Person, eine Orts- oder Zeitangabe
- Kurze Sätze (je kürzer, um so verständlicher)
- Kurze Wörter (nicht mehr als drei Silben)
- Hauptgedanke muß in den Hauptsatz
- Keine Fremdwörter, Fachwörter (Fachjargon) oder Abkürzungen ohne Erklärungen
- Aktiv statt Passiv verwenden (Nicht: Man sagt, sondern: Viele behaupten ...)
- Persönlich werden (Das logische Subjekt des Satzes sollte immer eine Person sein. Je persönlicher, desto verständlicher)
- Neues durch Altes (Beispiele, Vergleiche, Begriffe) erklären
- Satzzeichen verwenden (als Regie- und Spannungseffekte)
- Mehr Verben, weniger Substantive (Nicht: »... erfolgte die Bearbeitung des Manuskripts«, sondern: »... dann bearbeitete er das Manuskript«)
- Keine zusammengesetzten Verben (wie: in Bewegung setzen)
- Gliederungshilfen verwenden (wie: rhetorische Fragen, Doppelpunktsätze, Aufzählungen, Zusammenfassungen, Regeln, Leitsätze)

❑ Gliederung

- **Einleitung** – Thema vorstellen (Warum ist Ihr Thema für die Zuhörer interessant, aktuell, wichtig?)

- Aufmerksamkeit gewinnen (Wie wecken Sie Neugierde, Spannung?)
- Sympathie gewinnen (Vertrauen und Glaubwürdigkeit durch die Betonung von Gemeinsamkeiten gewinnen)
- **Hauptteil** – Kerngedanken vorstellen (Ziel, Zweck und Sinn der Rede)
- Situation analysieren (Wie war die Situation in der Vergangenheit, wie ist sie heute, welche Tendenzen weisen in die Zukunft?)
- Beweise bringen (durch Zahlen, Tatsachen, Beispiele, Vergleiche vor allem in Form bildlicher Darstellungen)
- Folgen aufzeigen (Welche positiven, welche negativen Folgen ergaben sich daraus bzw. sind zu erwarten?)
- Gefühle ansprechen (Wie lassen sich die positiven und negativen Folgen in gefühlsbetonten Worten und Bildern darstellen?)
- Motive ansprechen (Welche Wünsche, welche Hoffnungen, welche Gefahren berühren die Zuhörer am meisten?)
- Vorschläge machen (Was sollte anders sein? Was ist zu tun? Wie können wir das Ziel erreichen? Welche Möglichkeiten gibt es?)
- Einwände vorwegnehmen (Welche Vorteile sind von diesen Vorschlägen zu erwarten? Wie hoch ist das Risiko?)
- **Schluß** – Aktion verkünden (Wie gehen wir vor? Was ist zu tun?)
- Appell (zum Handeln auffordern)

Korrektur des Manuskripts

4. Wie gehen Sie vor?

- Manuskript laut durchlesen (um zu hören, wie es »klingt«)
- Zungenbrecher, Fremdwörter, Schachtelsätze ausmerzen

- Falsche Wörter nicht durchstreichen (sondern mit flüssigem Tipp-ex ausstreichen und neu schreiben)
- Nichts zwischen die Zeilen schreiben (Bei Ergänzungen neuen Satz schreiben, ausschneiden und über den alten Satz kleben)
- Stark korrigierte Seiten neu schreiben
- Manuskriptseiten mit überklebten Textstellen kopieren (um Beschädigungen vorzubeugen)
- Alte und neu korrigierte Textstellen immer wieder laut im Zusammenhang durchlesen (Sprachrhythmus)
- Wichtige Wörter (Stichwörter) mit buntem Leuchtstift markieren
- Am Rand »Regieanweisungen« (Pausen, Betonung, Gestik, Schaumaterial) mit bestimmten Zeichen vermerken

Üben und Kontrolle

5. Wie *üben* und *kontrollieren* Sie Ihre Rede?

- Erster Probevortrag (vor vertrauten Personen)
- Realistische Bedingungen (Tisch, Pult, Mikrofonattrappe ...)
- Tonbandkontrolle (Artikulation, Tonmodulation, Räuspern, Ähs und Öhs, hörbares Ein- und Ausatmen)
- Zeitkontrolle (Sprechgeschwindigkeit pro Seite, Rededauer)
- Bewegungskontrolle (Sicheres Auftreten? Standvermögen? Überlegt eingesetzte Gestik? Keine »unbewußten« Gesten?)
- Sprechkontrolle (Zu schnell? Zu hoch? Zu eintönig?)
- Freie-Rede-Kontrolle (Blickkontakte? Steckenbleiben? Versprecher?)
- Wirkungskontrolle (Sympathisch? Überzeugend? Suggestiv?)
- Konzentrationskontrolle (bei Beginn, bei Zwischenrufen)
- Textkontrolle (Verständlichkeit, Fremdwörter, Sprachrhythmus, Schachtelsätze, Zungenbrecher, Klarheit, Gliederung)

- *Üben* Sie – die Einleitungs- und Schlußsätze, eine hohe Sprechgeschwindigkeit (bei Überzeugungsstellen), einen möglichst intensiven Blickkontakt (Stichwortlesen), bewußt kontrollierte Körperbewegungen (Suggestivkraft), die Variierung von Sprechtempo, Tonhöhe, Lautstärke und Wirkungspausen

- Zweiter Vortrag: Beim ersten Probevortrag sollten Sie vor allem Sprache und Text üben und kontrollieren. Beim zweiten Probevortrag sollten Sie Ihr Auftreten und Verhalten überprüfen.

Kurz vor der Rede

6. Was sollten Sie *kurz vor* Ihrer Rede berücksichtigen?

- Zeitplan festlegen (Abfahrtszeit, Fahrtzeit, Parkplatzsuche, Mikrofon- und Raumkontrolle, Zeit für gedankliche Konzentration)

- Mikrofon (Lautstärke, Standhöhe) und Rednerpult (Höhe) kontrollieren

- Medien wie Overheadprojektor, Diaprojektor, Filmprojektor auf Funktionstüchtigkeit, Sehschärfe und Bildschärfe kontrollieren

- Manuskript/Stichwortzettel immer an einem Ort (z.B. Brusttasche) verwahren

- Absprache mit Veranstalter (über eigene Vorstellung, Ehrengäste, Vor- und Nachredner, Diskussionsverfahren, Programmveränderungen, genauen Redebeginn)

- Ergänzung des Manuskripts (Dank an Veranstalter, Begrüßung der Ehrengäste, Hinweis auf Diskussionsverfahren, Themenabgrenzung)

- Absprache mit Teilnehmern (über Handzeichen bei zu geringer Lautstärke, Zwischenbeurteilung in der Pause etc.)

- Konzentration (Ruhe, Mundgymnastik durch Schnellsprechübungen)

Während der Rede

7. Was sollten Sie *während* Ihrer *Rede* berücksichtigen?

- Gehen Sie sicher zum Rednerpult (ohne vorher noch jemanden anzusprechen).
- Nehmen Sie sich die Zeit, Mikrofon und Pult richtig einzustellen (wenn ein anderer Redner vor Ihnen sprach).
- Nehmen Sie vor dem ersten Sprechkontakt vollen Blickkontakt mit den Zuhörern auf. Blicken Sie immer wieder bestimmte Zuhörer an, um an deren Verhalten Ihre Wirkung zu kontrollieren.
- Sprechen Sie nicht eher, bevor die Zuhörer ruhig sind!
- Sprechen Sie anfangs langsam, zurückhaltend, erst allmählich schneller!
- Legen Sie eine kleine farbige MAHNKARTE vor sich auf das Pult. (Text: Pause machen! – Bewußt sprechen! – Wirkung kontrollieren!)
- Entschuldigen Sie sich nicht, wenn Sie sich räuspern oder versprechen. Sprechen Sie einfach weiter, oder wiederholen Sie im gleichen Tonfall das letzte Wort.
- Vermeiden Sie »Stegreifausflüge« von Ihrem Manuskript.
- Bekämpfen Sie die Lust zu plötzlichen Assoziationen, Einfällen und Ideen (Rückkehr und Redezeit beachten).
- Halten Sie sich an die Redezeit.

ZWEITER TEIL

Verhandeln

I Zehn bekannte Verhandlungsmethoden

Napoleon sagte einmal: »Was nicht zu Ende gedacht ist, bringt kein Ergebnis.« – Wer eine Verhandlung beginnt, ohne sich über Eröffnung, Verhandlungspartner, Verhandlungsziel und Verhandlungsmethoden Gedanken zu machen, gleicht einem Mann, der in irgendein Kino geht und dann enttäuscht ist, wenn er statt des erwarteten Lustspiels ein »Trauerspiel« sieht.

Keinem Leistungssportler würde es je einfallen, ohne sich vorher warmzulaufen und Gymnastik zu machen, im Straßenanzug zum Start über 100 Meter niederzuknien. Böse Verletzungen wären die Folgen. Seine Siegeschancen wären gleich Null.

Von einem erfolgreichen amerikanischen Verkäufer habe ich dazu folgende Überlegungen gehört: »Lieber gehe ich zwei Stunden vor dem Laden auf und ab und denke nach, was ich sagen werde, als sofort den Laden zu betreten und fünf Minuten später wieder verärgert vor der Türe zu stehen.«

Dieser bewußte »**Reaktionsstau**« – zuerst nachdenken, dann erst handeln – ist zugegeben sehr schwer. In der Psychologie wird dieser fehlende Reaktionsstau vor einem nahen Ziel (Reiz) als »Zeigarnikeffekt« bezeichnet – benannt nach einem Test, den Zeigarnik dazu durchführte: Er legte vor einem großen Gitterkäfig ein schönes, saftiges Stück Fleisch. An der rückwärtigen Seite des Käfigs war ein schmaler Durchlaß. Im Käfig selbst befand sich ein Hund. Zeigarnik bewies nun folgendes: Legte er das Fleisch in dem Augenblick vor den Käfig, in dem der Hund dieser Stelle sehr nahe war, so versuchte der Hund alles, um sich durch die Gitterstäbe zu zwängen. Das gelang ihm natürlich nicht, und es gelang ihm auch nicht über einen Umweg, den Durchlaß auf der Rückseite (Überlegung), zu diesem Fleisch zu kommen. Befand sich jedoch der Hund in dem Augenblick, in dem Zeigarnik das Fleisch vor den Käfig legte, an der Rückseite des Käfigs – also ziemlich weit weg –, so gelang es dem Hund in den allermeisten Fällen, den »Umweg« zu finden.

Die unmittelbare Nähe des Ziels (Reizes) hatte die Orientierungs- und Denkfähigkeit des Hundes vollständig blokkiert. Ein Effekt, der bei den Menschen fast in gleicher Weise auftritt.

Max-Merkel-Methode (oder Bilanzmethode)

Max Merkel – seinerzeit zum zweitenmal Trainer beim TSV 1860 München – erklärte einmal in einem Interview mit dem PLAYBOY, wie er mit neuen Spielern verhandle. Die Technik ist gewiß nicht neu, aber Merkel zeigte zweierlei:

1. Wie man diese **Technik phantasievoll ausschmücken** und dramatisch aufputzen kann und

2. wie man diese Technik **auch in scheinbar unlogischen Situationen** mit Erfolg anwenden kann.

Playboy: Die »Sechziger« werden ja auch »die Löwen« genannt – Sie hatten aber nur Ersatz-»Löwen« und brauchten ungefähr 18 richtige »Löwen«.

Merkel: Wir haben überall mit Spielern gesprochen. Aus sportlicher Sicht hätten mehrere gern bei uns gespielt. Aber dann kam immer die Sache mit dem Geld. Da war zum Beispiel der Torjäger von St. Pauli Hamburg, Frank Gerber. Der kommt zu mir und sagt: »Ich hätte gern bei ›Sechzig‹ gespielt. Ich stell' mir vor: 75.000 Mark netto auf die Hand bei der Unterschrift.«

Sag' ich: »Sehr schön, nur 75? Ich würd' Ihnen gern 100 geben. Also schreiben wir auf, 100.000 Mark auf die Hand bei der Unterschrift. Bitte, was wollen Sie noch?«

»Ja, die Siegesprämie.«

»Also 10 bis 15.000 Mark im Jahr. Die kriegen Sie auch. Was noch? Monatsgehalt? Wieviel? 2000 Mark? Bitte!«

Dann habe ich das zusammengerechnet. »Gut, das ist Ihre Seite«, habe ich gesagt. »Der Verein garantiert Ihnen all das. Das ist eine Seite der Gleichung. Und was garantieren Sie mir?«

»Ich? Ich nichts.«

»Hör mal, was ist denn das für ein Geschäft? Garantieren Sie mir, 1860 München wird vorne stehen? Garantieren Sie mir, daß wir aufsteigen? Dann können's noch 100.000 Mark mehr haben!«

Das könnte er nicht tun, hat er da gemeint. »Sehen Sie«, sage ich, »und wir können das auch nicht.«

Wenn wir uns die Verhandlungsmethode Merkels genauer ansehen, hat er folgendes gemacht:

- Er hat ein Blatt Papier genommen, in der Mitte einen Strich gezogen, auf die eine Seite »**Was garantiert 1860 München**« und auf die andere Seite »**Was garantiert Franz Gerber**« geschrieben.

- Er hat seinen Verhandlungspartner direkt aufgefordert, alle seine Wünsche und Forderungen anzumelden, hat sie teilweise sogar noch selbst etwas erhöht, so daß am Ende ein hübsches Sümmchen herauskam, während die andere Seite noch unschuldig weiß glänzte.

- Er hat dann den Verhandlungspartner aufgefordert, seine Leistungen – wenn möglich in Form von Garantien – zu nennen. Die schriftliche Form seiner »Buchhaltung« diente ihm dabei als Druckmittel. Sie sollte den Spieler zumindest zu der Einsicht bringen, daß seine Forderungen im Verhältnis zu seinen »Unverbindlichkeiten« weder fair noch praktikabel sind.

Diese Methode läßt sich immer dort anwenden, wo zwei Leistungen **fair** miteinander verglichen werden sollen. Ebenso dort, wo zwei Leistungen **unfair** miteinander verglichen werden sollen. Das ist dann der Fall, wenn ein Partner exakte Zahlen für sich beanspruchen kann (Arbeitgeber/Gehaltssumme), der andere aber seine »Leistungen« nur sehr schwer in Mark und Pfennig angeben kann (Mitarbeiter). Wichtig ist bei dieser Verhandlungsmethode, daß man mit Phantasie nach allen nur irgendwie verwertbaren »Leistungsbelegen« sucht, die sich in konkreten Größen darstellen lassen.

Merkels Buchhaltung:

Was garantiert 1860 München?		***Was garantiert Franz Gerber?***	
1. Handgeld netto	75.000 DM	1.Gerber garantiert nichts:	
2. Zuschlag	25.000 DM	2. keinen ersten Platz	
3. Siegesprämie	15.000 DM	3. keine Meisterschaft	
4. 13 Monatsgehälter à 2000 DM	26.000 DM	4. keinen Aufstieg	
	141.000 DM		
5. Meisterschaftsprämie	100.000 DM		
Total	241.000 DM	Total	–,–
	=========		=========

Johnson-Methode (oder Vier-Stufen-Methode)

Johnsons Verhandlungskunst war in Washington berühmt und gefürchtet. Denn Johnson blieb nicht allein bei den »facts«; er wußte auch, wann es Zeit war, bei einem Senator, dem er einmal geholfen hatte, »Schulden einzutreiben«. Johnson hatte das Geschick, Tatsachen und persönliche Bindungen zu einem untrennbaren Verhandlungspaket zusammenzuschnüren. Seine »Spezialität« waren deshalb auch persönliche Unterredungen und die Überzeugung von kleineren Gruppen.

Die Taktik: Wenn Johnson ein Projekt durchsetzen wollte, fächerte er das Problem so weit auf, daß er nicht eine Lösung, sondern vier Lösungen erarbeitete – von denen er natürlich eine deutlich bevorzugte. **Diese vier Lösungsmöglichkeiten baute er stufenförmig, je nach ihrer Qualität und politischen Durchsetzbarkeit, auf:**

1. die bestmögliche (politisch kaum durchsetzbare) Lösung
2. die akzeptable (politisch mögliche) Lösung
3. die unbefriedigende (jedoch rasch durchsetzbare) Lösung
4. die unerträgliche (politisch problemlose) Lösung

Runde 1

Johnson beginnt seine Verhandlungspartner von *unten* her aufzurollen, d.h. sie zuerst von der unerträglichen Lösung abzubringen. Dies erreicht er, indem er seine Verhandlungspartner absichtlich und in aller Ruhe aus ihrem geistigen Gleichgewicht bringt – ein Verfahren, das er meisterhaft beherrschte und bei dem er großen Mut mit dem Verständnis für die Argumente seiner Partner vereinigte.

Die Methode dazu sind Appelle an die gemeinsame Lage, an die Verantwortung vor der Geschichte und dem Land, an das politische Überleben, das selbständige kritische Denken, etwa in der Form: »Ich verstehe Ihre Schwierigkeiten, meine Herren, schließlich bin ich ja ebenfalls Texaner wie Sie … und ich weiß, daß Sie persönlich keine Rassenvorurteile haben … aber ich weiß auch, daß Sie nicht so können, wie Sie wollen, wenn Sie nicht politischen Selbstmord begehen wollen. Aber Sie sind verantwortungsbewußt und mutig und werden für eine gerechte Lösung einstehen, nicht weil ich es will ... sondern weil es die Geschichte dieses Landes erfordert ...«

Bei dieser Gelegenheit malt er diese **völlig unerträgliche Lösung** durch Witz, Schlagfertigkeit, Sarkasmus, Ironie und beißende Angriffe als so absurd und rückständig aus, daß schließlich nur Vollidioten ihr noch zustimmen können.

Runde 2

Nachdem die unerträgliche Lösung aus dem Wege geräumt ist, geht er daran, mit sehr viel größerer Vorsicht die augenfälligen Schwierigkeiten und Nachteile der **zweitschlechtesten Lösung** darzulegen, wobei er es jedoch vermeidet, sie als hoffnungslos dumm zu bezeichnen. Es besteht ja immerhin die Gefahr, daß er sich im Laufe des Gefechtes auf diese Linie (Verhandlungsposition) zurückziehen muß. Gegen Ende dieser Runde versucht er, die Neugierde für eine eventuell noch bessere Lösung zu wekken, die sie sich zumindest einmal anhören sollten.

Runde 3

In Runde drei macht er sich daran, »Schulden« einzutreiben, indem er vergeßliche Verhandlungspartner an seine Dienste, Gefälligkeiten und Empfehlungen erinnert. Natürlich mit Diskretion und Zurückhaltung, um nicht ihren Stolz zu verletzen, aber immerhin ... Dabei wirkt er im Tonfall noch eindringlicher, obwohl er sich nach außen locker und ungezwungen gibt. Ähnlich wie beim mittelalterlichen Lehensbündnis versucht er, die ihm verpflichteten Partner zum gemeinsamen Waffengang zu bewegen.

Jedoch fordert er von den anderen kein Risiko, das er nicht selbst zu leisten bereit wäre. Die Lösung, die er in dieser

Runde vorschlägt – **die akzeptable Lösung** – glaubt und hofft er, auch politisch durchsetzen zu können.

Runde 4

Auch wenn noch nicht alle mit der »akzeptablen« Lösung einverstanden sind, stellt er ihnen – gleichsam als ideale Zukunftsvision – sein **optimales Lösungsmodell** vor, das er je nach Stimmung kürzer oder länger mit Eifer verteidigt, um sich dann von den schon beunruhigten Verhandlungspartnern wieder auf Lösung zwei »herunterhandeln« zu lassen. Damit haben beide Parteien ihr Gesicht gewahrt. Johnson hat die heute politisch akzeptable und durchsetzbare Lösung erhalten. Die Verhandlungspartner haben ihn von seinen utopischen Visionen »heruntergehandelt«. Dieses Gefühl, daß beide gewonnen haben, ist das Fundament der neuen Lösung.

Technik

1. Wenn Sie ein Problem lösen wollen, denken Sie sich nicht ein Verhandlungsziel, sondern vier Verhandlungsziele aus.
2. Bewerten Sie die einzelnen Lösungen/Ziele nach ihrer Qualität und möglichen Durchsetzbarkeit. Legen Sie Ihr Hauptaugenmerk auf die akzeptable Lösung, die Sie dann auch durchzusetzen versuchen.
3. Beginnen Sie die Verhandlung damit, Ihre Partner von der schlechtesten Lösung abzubringen – durch eine drastische Ausmalung der Nachteile, durch einen Appell an ihre Verantwortung.
4. Erläutern Sie dann die Nachteile und Schwierigkeiten der Lösung drei, ohne diese Lösung jedoch für völlig unannehmbar zu erklären.
5. Wecken Sie die Neugierde für die nächstbessere Lösung, die akzeptable Lösung. Appellieren Sie persönlich an Ihre Verhandlungspartner. Treiben Sie »Schulden« ein.

6. Leiten Sie dann ohne Übergang zur bestmöglichen Lösung über, die sich Ihre Verhandlungspartner wenigstens einmal anhören sollten.
7. Wird der Widerstand gegen dieses optimale Lösungsmodell zu groß, lassen Sie sich wieder auf Lösung zwei »herunterhandeln« und schließen einen Kompromiß, so daß beide Parteien gewonnen und ihr Gesicht gewahrt haben.

Talleyrand-Methode (oder Kongreßmethode)

Als Beispiel für die einzigartige Verhandlungskunst Talleyrands soll hier sein Meisterstück – die Verhandlungen auf dem Wiener Kongreß – dargestellt werden; Lehrstück für jeden, der auch **in scheinbar aussichtsloser Position** mit mehreren (feindlichen) Parteien **zu verhandeln** hat.

Die Ausgangssituation: Man schrieb das Jahr 1814. Napoleon war unter dem Druck der Alliierten von seiner Armee zur Abdankung gezwungen worden und befand sich seitdem auf der Insel Elba. Mit Ludwig XVIII. waren die Bourbonen wieder auf den französischen Königsthron zurückgekehrt. Nach dem ungeheuren Blutzoll der Befreiungskriege (allein bei der Dreivölkerschlacht von Leipzig gab es über 100.000 Tote und Verwundete) schien Frankreich – total isoliert – die Beute seiner vormals unterdrückten Gegner zu werden. Das war die Lage. Talleyrand wollte aber nicht nur Frankreich vor der Beutegier der Alliierten bewahren, sondern ihm auch wieder den Rang zurückerobern, den es seiner Meinung nach verdiente: den Rang einer europäischen Großmacht. Wie ging er vor?

1. Vorbereitung

Talleyrand verfaßte als erstes ein **Memorandum**, in dem er lückenlos alle damals bedeutenden europäischen Fragen aufgriff und seine politische Haltung dazu festlegte. Dadurch wußte er, was er wollte.

2. Einfluß

Anfangs war Frankreich (Talleyrand) nicht einmal zu den Sitzungen der Großen – Österreich, England, Rußland und Preußen – zugelassen. Talleyrand vermied es jedoch sorgsam, sich darüber zu beschweren (Würde) oder gar um Einlaß zu bitten (Demonstration der Abhängigkeit). Um so mehr kümmerte er sich um die Angelegenheiten der Kleinstaaten, **schürte ihre Unzufriedenheit**, sagte ihnen seinen Beistand zu und wurde so innerhalb kürzester Zeit der Vertreter Resteuropas.

3. Interessenverbindung

Nachdem sich Talleyrand das **Wohlwollen** und **Vertrauen** der Kleinstaaten gesichert hatte, gab er einem der Vertreter dieser Kleinstaaten, dem Chevalier de Labrador, den Rat: »Sie sollten Ihr Recht geltend machen, an den Komiteesitzungen teilzunehmen; ein Recht, das Ihnen als Signaturmacht des Pariser Vertrages zusteht.« Talleyrand überließ es dem Chevalier, die Eintrittskarte zu lösen, denn die vier Großmächte mußten wohl oder übel die kleinen Nationen zu ihren Sitzungen zulassen. Und Talleyrand schlüpfte gleich mit hinein. Gehörte er nicht zu den Unterzeichnern des Pariser Vertrages?

4. Verhandlungswaffe

Die Waffe, mit der Talleyrand verhandelte, waren Prinzipien. Einmal das **Prinzip des Rechts**, der Legitimität. Diese Waffe gebrauchte er vor allem in der Anfangsphase, als es galt, die Kleinstaaten hinter sich zu scharen und die Großmächte zu verunsichern. Zum andern das **Prinzip der** (natürlichen) **Solidarität**, das er in der Spätphase gebrauchte, um zwischen die Großmächte einen Keil der Unzufriedenheit und Unsicherheit zu treiben.

5. Verhandlungsmethode

Talleyrands Vorgehen läßt sich auf folgenden kurzen Nenner bringen: »Sympathiegewinnung auf der einen und Verunsicherung auf der anderen Seite durch die ständige Wiederholung seiner Prinzipien.« – An seinen König Ludwig XVIII. schrieb er: »Ich werde sanft, konziliant, aber bestimmt sein … Ich werde nur über Prinzipien sprechen und niemals davon abgehen.« Genauso ging er vor: Immer wieder machte er sich zum Verfechter des Rechts, der Legitimität – Begriffe, die in Europa seit zwanzig Jahren nicht mehr gebraucht worden waren, weil man Recht mit Stärke gleichgesetzt hatte; Begriffe, die zum Zauberwort für die Kleinstaaten wurden, weil sie jetzt fast wie Besiegte behandelt wurden und der Beutegier der Großmächte zum Opfer zu fallen drohten; Begriffe, die die blanken Machtansprüche der Großmächte enthüllten und Frankreich (Talleyrand) zum Vertreter des Rechts, der Gerechtigkeit und der politischen Moral (!) machten.

6. Sitzordnung

Als Talleyrand zum ersten Mal den Konferenzsaal betrat, setzte er sich sogleich auf den freien Stuhl zwischen Castlereigh (England) und Metternich (Österreich). Ein Schachzug, der ihm gleich mehrere Vorteile sicherte:

Zum einen dokumentierte er damit für jeden sofort sichtbar die **hervorragende Stellung Frankreichs**, zum anderen die beabsichtigte Gemeinschaft (**natürliche Solidarität**) mit den Großmächten, die Frankreichs Interessen am nächsten standen, und zum dritten schuf er damit – allein durch die Sitzordnung – ein **psychologisches Übergewicht** der drei Westmächte gegenüber den »natürlichen« Gegnern Preußen und Rußland.

Talleyrand hatte schon bei der ersten Begegnung mit den Großmächten jene Fronten abgesteckt, die dann einige Monate später auch tatsächlich so aufbrechen sollten.

7. Verhandlungstaktik I

Obwohl Talleyrand und damit Frankreich als Aggressor auf der Anklagebank saß, ging Talleyrand sofort zum Angriff über. Durch eine penetrant wiederholte Verunsicherung der Großmächte wußte er sich Respekt zu verschaffen. **Denn nur der Verhandlungspartner, der akzeptiert wird, erhält auch akzeptable Verhandlungsvorschläge.** Wiederum war es sein Prinzip des Rechts, das er erbarmungslos zur Verunsicherung seiner Gegner einsetzte.

Erste Frage Talleyrands: Warum bin ich allein ohne Bevollmächtigten eingeladen worden? – Antwort: Es seien überhaupt nur die Führer der jeweiligen Staaten eingeladen worden. Zweite Frage: Warum ist dann der Spanier M. anwesend, der doch nicht der Führer der spanischen Abordnung ist, und warum ist Preußen durch zwei Vertreter anwesend? – Jede Antwort, die eine Rechts- oder Gleichheitsverletzung darstellte, wurde zum Punktgewinn für Talleyrand. Sind doch in der Diplomatie wie in der Kriegsführung auch kleine Siege oft sehr bedeutungsvoll.

Talleyrand fuhr fort. Als einem Vertreter der großen Vier das Wort »Verbündete« entschlüpfte, stieß er sofort nach: Sollte ich falsch verstanden haben? Verbündete gegen wen? Doch nicht mehr gegen Napoleon, er ist auf der Insel Elba. Doch nicht gegen Frankreich: Der Friede ist geschlossen. Doch nicht gegen den König von Frankreich, er ist der Garant des Friedens. Meine Herren, sprechen wir offen miteinander. Wenn es noch verbündete Mächte gibt, bin ich hier überflüssig. – Antwort der Verbündeten: Man habe das der Kürze wegen getan. Talleyrands Konter: »Kürze sollte niemals auf Kosten der Richtigkeit erstrebt werden!« Dann nahm er das Protokoll in die Hand, legte es wieder weg, besah es sich noch einmal und sagte dann: »Das verstehe ich nicht. Für mich gibt es nur zwei Tage und dazwischen gar nichts. Den 30. Mai, an dem wir den Frieden geschlossen haben, und den 1. Oktober, an dem über diesen Frieden verhandelt werden sollte. Was aber lese ich hier? (Die Großmächte hatten in der Zwischenzeit über die Verteilung der Beute bereits ein Protokoll angefertigt.) Wenn man schon alles vor der Eröffnung des Kongresses regeln will, so heißt das meiner Meinung nach, das ans Ende zu setzen, was an den Anfang gehört. Alles, was in der Zwischenzeit stattgefunden hat, ist, soweit ich damit zu tun habe, nicht vorhanden.«

Verärgert zogen die Großmächte ihre schönen Beuteprotokolle zurück und verbrannten sie. Eine öffentliche Verlesung wäre für sie auch zu peinlich gewesen.

8. Verhandlungstaktik II

Nachdem sich Talleyrand seine Stellung in dieser kleinen und allmächtigen Gesellschaft gesichert hatte, begann er, mit seinem zweiten Prinzip – dem Prinzip der natürlichen Solidarität – die Eintracht seiner Verhandlungsgegner zu unterminieren. Die Hebel, an denen er mit minimaler Kraft ansetzen konnte, waren die **Macht- und Besitzansprüche**, die **Neid- und Rivalitätsgefühle** unter den vier Großmächten. Doch bevor er dazu ansetzte, sang er für sich das Hohe Lied der Uneigennützigkeit: »Ich bin der einzige, der nichts verlangt. (Was durfte er nach Napoleons Eroberungskriegen schon verlangen.) Achtung und Anerkennung, das ist alles, was ich für Frankreich will. (Ob das Napoleon für Europa auch wollte?) Ich wiederhole, ich will nichts, und ich bringe Ihnen unendlich viel. (Noch etwas außer der Verbrennung von Protokollen?)«

Danach ließ Talleyrand, der noch vor kurzem spitz gemeint hatte, es gebe keine Verbündeten mehr, das Wort »Verbündete« wie beiläufig fallen. Metternich: »Reden Sie nicht von Verbündeten, die gibt es nicht mehr.« – Talleyrand: »Es gibt hier in Wien Leute, die von Rechts wegen Verbündete sein sollten – in dem Sinne nämlich, daß ihre Gedanken und Wünsche sich in gleicher Richtung bewegen müßten.« Und dann stichelte Talleyrand und rührte Ängste auf: »Wie bringen Sie den Mut auf, russisches

Gebiet wie ein umschnürendes Band um Ihren besten und wichtigsten Gebietsbesitz, nämlich Ungarn und Böhmen, zu legen? Wie können Sie es zulassen, daß der ganze Erbbesitz eines alten und guten Nachbarn (Sachsen) Ihrem natürlichen Feinde (Preußen) gegeben wird?«

Damit setzte Talleyrand seine zweite Verhandlungswaffe ein: nach dem Prinzip der Legalität das Prinzip der (natürlichen) Solidarität. Talleyrand ging dabei ebenso geschickt wie skrupellos vor: Auf der einen Seite schürte er die Neid- und Unsicherheitsgefühle unter den Großmächten, um die Eintracht der Alliierten zu unterminieren. Auf der anderen Seite beschwor er England und Österreich immer wieder, in Frankreich ihren »natürlichen« Verbündeten zu sehen – und nicht in Preußen oder Rußland.

Das Ergebnis

Bereits zwei Monate nach Konferenzbeginn hatte Talleyrand Österreichs und Englands Argwohn gegen den eroberungssüchtigen und herrschsüchtigen Osten derart angestachelt, daß die drei Westmächte in größter Heimlichkeit ein Verteidigungsbündnis gegen Preußen und Rußland abschlossen. »Jetzt, Sire«, schreib Talleyrand an seinen König, »ist die Koalition auseinandergefallen …«

Talleyrands Wiener Kongreßverhandlungen als Beispiel für schwierige Verhandlungen

1. Vorbereitung

Bereiten Sie sich schriftlich vor. Legen Sie Ihre Verhandlungsziele, Verhandlungsgrundsätze und Verhandlungsmethoden vorher genau fest.

2. Einfluß

Versuchen Sie, Einfluß zu gewinnen, indem Sie sich mit Verhandlungspartnern zusammenschließen, die die gleichen Interessen (= Ziele und Befürchtungen) haben.

3. Verhandlungswaffe

Suchen Sie nicht nach zwanzig schwachen, sondern nach **zwei, drei starken Argumenten**. Je moralisch hochstehender Ihre Argumente, um so unangreifbarer sind sie.

4. Verhandlungsmethode

Eine der geeignetsten Methoden ist die **Wiederholungstechnik**: immer wieder seine Forderungen und Ansichten zu wiederholen und sich dabei auf keine »Diskussionen oder Einzelheiten« einzulassen.

5. Sitzordnung

So wie Fußballanhänger nur Wirkung erzielen, wenn sie im gegnerischen Stadion einen Block bilden, so sollten auch Sie bei Verhandlungen jede Chance nützen, auch optisch (durch Gefolgschaft) stärker zu erscheinen.

6. Verhandlungstaktik I

Eine alte Regel lautet: **Angriff ist die beste Verteidigung**. Als Angriffswaffen bieten sich an: Zermürbung durch Zeitschinderei, Verunsicherung durch Nadelstichpolitik, Einschüchterung durch barsches Vorgehen, Einwickeln durch Charme und Liebenswürdigkeit, Ablenkung durch hartnäckige Detail-, Form- oder Stilfragen.

Eine hervorragende Quelle für Ihre Verhandlungstaktik bieten das genaue Studium aller bisherigen Verträge und Abmachungen mit der gegnerischen Partei.

7. Verhandlungstaktik II

Eine ebenso alte Herrschaftsregel lautet: Divide et impera (**teile und herrsche**). Wenn Sie einer geschlossenen Phalanx von Verhandlungspartnern gegenüberstehen, versuchen Sie, einen Keil in diese Eintracht zu treiben und selbst Verbündete zu gewinnen.

Bei Abstimmungen sprechen Sie zuerst die Uninteressierten an und versuchen, sie von Ihren Vorschlägen zu überzeugen. Bei geschlossenen Kreisen versuchen Sie, die einzelnen Verbündeten durch die Mobilisierung von Neid-, Angst-, Besitz- und Machtgefühlen zu spalten und Verhandlungspartner, die von den gleichen Hoffnungen und Befürchtungen bedroht sind wie Sie selbst, zu Verbündeten zu gewinnen.

8. Imagepflege

Betonen Sie bei all Ihren Bemühungen und Verhandlungen immer wieder Ihre Selbstlosigkeit, Uneigennützigkeit. Auch Gemeinplätze sind Verhandlungswaffen – und keine schlechten.

Bel-Ami-Methode (oder »Senfkornmethode«}

Die Situation: In seinem Roman »Bel Ami« stellt Maupassant eine der klassischen Verhandlungsmethoden dar, eine Methode, die dem Säen und Ernten des Bauern gleicht: Man lockert zuerst das Erdreich, sät den Samen aus, um dann keineswegs sofort, sondern erst sehr viel später die »Ernte« zu erwarten. Praktisch heißt das: Man macht dem Verhandlungspartner einen Vorschlag, verbietet ihm aber gleichzeitig, sofort darauf zu antworten. Man will seine Meinung erst später hören. Oder noch besser: Man will erst durch die »Tat« wieder von ihm hören.

Bei der nachfolgenden Verhandlung geht es darum, wie Georg Duroy, der junge aufstrebende Journalist, noch am

Totenbett seines Freundes und Vorgesetzten um die Hand dessen Frau – Madeleine Forestier – anhält.

»Leise sagte er zu ihr: ›Hören Sie zu und verstehen Sie richtig, was ich sagen will. Entrüsten Sie sich nicht, daß ich in einem solchen Augenblick zu Ihnen rede, aber übermorgen bin ich nicht mehr bei Ihnen ... Und wenn Sie wieder in Paris sind, ist es vielleicht zu spät ... Ich bin nur ein armer Teufel und habe kein Vermögen. Eine wirkliche Stellung muß ich mir erst noch schaffen, das wissen Sie. Aber ich habe einen starken Willen, verfüge, wie ich glaube, auch über einige Intelligenz ... und ich bin auf dem richtigen Weg. Bei einem Mann, der es zu etwas gebracht hat, weiß man, woran man ist. Bei einem Mann, der erst anfängt, weiß man nie, wo er endet. Um so schlimmer oder um so besser.

Ich habe früher einmal in Ihrer Wohnung gesagt, daß es mein schönster Traum gewesen wäre, eine Frau wie Sie zu heiraten. Diesen Wunsch wiederhole ich Ihnen heute. Antworten Sie jetzt nicht. Lassen Sie mich weitersprechen. Ich mache Ihnen keinen Antrag. Ort und Zeit sind dazu nicht geschaffen. Ich lege nur Wert darauf, daß Sie wissen, daß Sie mich durch ein Wort glücklich machen können, daß Sie mich zu Ihrem brüderlichen Freund oder zu Ihrem Mann machen können ... ganz wie Sie es wollen, daß mein Herz und ich selbst ganz Ihnen gehören. Ich will nicht, daß Sie mir jetzt antworten. Ich will auch nicht, daß wir hier weiter darüber sprechen. Wenn wir uns in Paris wiedersehen, sollen Sie mir sagen, wozu Sie sich entschlossen haben. Und bis dahin kein Wort mehr.‹

Er hatte das alles gesagt, ohne sie anzusehen ... als hätte er die Worte hinausgesät in die Nacht. Sie schien ihn gar nicht gehört zu haben, so ohne jede Bewegung war sie geblieben. Mit starren, leeren Augen sah sie hinein in die weite Landschaft, über der das fahle Licht des Mondes lag.«

Vergleichen wir einmal kurz die beiden Verhandlungsmethoden von Talleyrand und Georg Duroy. Obwohl zwischen ihren Verhandlungszielen Welten liegen, bestehen doch eine Reihe von Gemeinsamkeiten, die für gute Verhandler charakteristisch sind:

- **Beide gehen ihr Ziel nicht auf dem kürzesten und damit plumpesten Weg an**, sondern nehmen Umwege in Kauf (Talleyrand über die kleinen Staaten, Duroy über die Zeit).
- **Beide verstehen es vollendet, ihre Motive als ganz rein und selbstlos darzustellen**, besitzen also die für jeden Verhandler hervorragende (und unentbehrliche) Eigenschaft: auf der einen Ebene zu denken, auf einer anderen zu sprechen.
- **Beide verstehen es, ihre Gesprächspartner zu motivieren**, indem sie ihre Gefühle ansprechen: Talleyrand, indem er zuerst die Ungerechtigkeitsgefühle der Kleinstaaten mobilisiert und dann die Angstgefühle bei Castlereigh und Metternich; Duroy, indem er zuerst als armer Teufel auf das Mitleid und Beschützergefühl von Frau Forestier zielt, dann aber sich als Mann von Intelligenz und Willen ausgibt (Erfolgsgefühl). Beide verstehen es hervorragend, ihre »Motivationszange«, also Zuckerbrot und Peitsche, gleichmäßig einzusetzen.
- **Beide nützen den richtigen Augenblick**, um Eindruck zu machen: Duroy am Totenbett, kurz nachdem der Gatte gestorben ist und die Witwe sich einsam, hilflos und verlassen fühlt. Talleyrand beim ersten Auftritt, als die »Großen« bereits Dreck am Stecken haben, jedoch nicht im mindesten auf einen solchen harschen Angriff gefaßt sind.

Taktik

1. Schweigegebot

Sagen Sie dem Verhandlungspartner schon bei den ersten Worten, daß er sich nicht entrüsten soll, daß er jetzt keine Antwort geben soll, daß er Ihnen jetzt nur zuhören soll. Nur zuhören.

2. Motivation

Schildern Sie die Situation, und kommen Sie dann langsam auf das eigentliche Anliegen zu sprechen. Flechten Sie dabei die urälteste Motivationsmethode ein: Geben Sie Zuckerbrot und Peitsche! Das heißt: **Mobilisieren Sie seine Gefühle – vom Angstgefühl bis zur Besitzgier**. Üben Sie Druck aus durch die Nachteile, die ihm drohen, wenn er nicht ... und suggerieren Sie ihm Vorteile, wenn er tut, was man von ihm will. Wichtig ist, daß er durch Ihr langsames Vorgehen allmählich von selbst die letzte Schlußfolgerung zieht, von selbst zu irgendeiner Einsicht kommt. Die ganze Methode beruht ja darauf, daß der andere vor Ihnen nicht das Gesicht zu verlieren braucht, sondern selbst entscheiden soll.

3. Schweigen und Überhören

Entrüstet sich Ihr Verhandlungspartner doch über Ihr Ansinnen und fängt an, Krach zu schlagen, dürfen Sie sich auch nicht mit einem Wort auf eine Diskussion einlassen. Sie schweigen und sagen – falls Sie es noch nicht getan haben – den präzisen Vorschlag mit genauen Termin- und Ortsangaben etc. **Unterbrechen Sie auch keinesfalls den »Wutanfall« des anderen**. Denn nur so kann er ja bei einem (anfangs) unannehmbaren Vorschlag vor Ihnen das Gesicht wahren – und darauf kommt es ja bei dieser Methode an.

4. Vorschlag

Ohne auf irgendwelche Reaktionen des anderen zu achten, sagen Sie ganz klar, was Sie wann, wie und wo wollen. Wiederholen Sie noch einmal, daß Sie seine Antwort jetzt nicht wollen. Er soll es sich in Ruhe überlegen.

5. Zusammenfassung

Sie fassen zum Schluß noch einmal ganz kurz Ihre Vorteil- und Nachteil-Argumente zusammen, präzisieren nochmals Ihren Vorschlag. Will der andere diskutieren, »flüchten« Sie notfalls aus dem Zimmer. Danach hoffen Sie wie der Bauer auf Sonne und Regen – und auf eine gute Ernte.

Kurfürst-Maximilian-Methode (oder Überrumpelungsmethode)

Einer der wichtigsten Verhandlungsgrundsätze lautet, das »**Gesetz des Handelns**« zu befolgen. Das heißt, bei einer Verhandlung möglichst viel selbst zu bestimmen: Ort, Zeit, Thema, Programm, Vorgehen und Ziel. Agieren, nicht reagieren, heißt das erfolgreiche Verhandlungsmotto! Wer die Initiative behält, gewinnt nicht nur einen bedeutenden Zeitvorsprung, eine bessere Einschätzung seiner Gegner, sondern er kann auch den »Überrumpelungseffekt« ausspielen. Wie man das macht, zeigt Kurfürst Maximilian in einem Finanzpoker um 15 Millionen Gulden.

Die Situation: Man schrieb das Jahr 1623. Herzog Maximilian von Bayern hatte soeben am 23. Februar 1623 von Kaiser Ferdinand II. für seine siegreiche Schlacht am Weißen Berg die Kurfürstenwürde erhalten. Das war nur ein Teil der kaiserlichen Entschädigung gewesen; der zweite Teil sollte in Form von Bargeld beglichen werden. Doch da gab es ein Problem: 1623 war auch der Höhepunkt der größten Münzinflation, die das deutsche Reich bis dahin heimgesucht hatte – der »Kipper- und Wipperinflation«. Aus den einst silberhaltigen Kreuzern waren armselige Kupfernickel geworden. Und aus solch »wertlosen« Kippermünzen drohte die kaiserliche Kriegskostenentschädigung zu bestehen. Ein Gedanke, der Maximilian den Schlaf raubte, denn 15 Millionen Gulden (Rechnungseinheit wie heute die DM) in schönen Talern oder wertlosen Kupfernickeln zu erhalten war keine Frage, die man damals auf die leichte Schulter nahm. Am 6. April 1623 gedachte der Kaiser den Kriegskostenentschädigungsvertrag zu unterzeichnen. Doch in welcher Währung – alter oder neuer?

Was Maximilian dann in dieser kurzen Zeit vom 23. Februar bis 6. April 1623 erreichte, wie geschickt er Regie führte, ist ein faszinierendes und großartiges Lehrstück für jede Verhandlungsführung. Doch zuvor noch ein Wort zum Münzwesen: Verantwortlich für das Münzwesen waren damals die einzelnen Reichskreise, von denen es zehn gab. Drei davon – der bayerische, schwäbische und fränkische – hatten sich zu den »drei correspondierenden« Kreisen zusammengeschlossen und bestimmten gemeinsam auf einem Münzprobationstag, zu dem die einzelnen Kreise ihre Abgeordneten schickten, das Vorgehen im Münzwesen.

Runde 1

Anfang März 1623 schrieb der neue Kurfürst sofort an den Direktor der drei »correspondierenden« Kreise, den Bischof von Bamberg, und beschwor diesen, so schnell wie möglich einen **Extra-Münzprobationstag** einzuberufen. Seine Begründung: Gerade jetzt herrsche das größte Chaos! Höchste Gefahr sei im Anzug. Deshalb sei jetzt die beste Gelegenheit, alles zum Guten zu wenden. Und als geschickter Taktiker appellierte Maximilian gleichzeitig auch an das persönliche Verantwortungsbewußtsein des Bischofs.

Runde 2

Dermaßen in die Motivationszange genommen, beeilte sich der Bischof, dem Ansinnen des neuen Kurfürsten sofort nachzukommen und die verschiedenen Kreisabgeordneten zu einem Extra-Münzprobationstag am 5. April (!) nach Augsburg einzuladen. Diese Einladung traf die anderen Kreise völlig überraschend und unvorbereitet. Während deren Abgeordnete nicht einmal mehr »instruiert« werden, sondern nur noch in die Kalesche springen konnten, um rechtzeitig zur Stelle zu sein, reisten Maximilians Abgeordnete wohlversehen mit einer 26seitigen Instruktion nach Augsburg.

Runde 3

Maximilian hatte seine Abgeordneten angewiesen (obwohl sie mit dieser ausführlichen Instruktion am besten informiert waren), sich »anfangs keiner bestimmten Meinung anzuschließen, sondern nur zuzuhören, wohin die meisten tendierten, und zu fragen, wie sie den Schwierigkeiten zu begegnen gedächten – ohne jedoch die eigene Meinung kundzutun«.

Runde 4

Hauptverhandlungspunkt war der neue Talerkurs, der infolge der Inflation von 60 auf 600 Kreuzer gestiegen war und jetzt wieder auf frühere Werte herabgesetzt werden sollte. Als es zur Abstimmung kam, stimmten die fränkischen Kreisabgeordneten für einen Talerkurs von 72 Kreuzern, die schwäbischen für einen 90-Kreuzer-Kurs. Jetzt erst ließen die bayerischen Abgeordneten die Katze aus dem Sack und stimmten für einen mittleren Kurs, für 80 Kreuzer den Taler.

Runde 5

Maximilian hatte sich für die zweite Abstimmung die Mittler- oder Entscheidungsrolle zugespielt. Entweder Franken und Schwaben einigten sich auf den bayerischen Vorschlag, oder die bayerische Stimme gab den endgültigen Ausschlag für einen der beiden Vorschläge. Maximilian stimmte schließlich für den schwäbischen Vorschlag. Warum? – **Weil er Realist war!** Weil es ihm angesichts des Millionenvertrages mit dem Kaiser um eine neue Reichswährung zu tun war, die Bestand haben sollte und auch durchzuführen war. Statt einem schwachen Kompromiß auf den bayerischen Kurs schaffte er sich durch sein Votum für den schwäbischen Kurs eine zusätzliche Rükkendeckung für die neue Reichsmünzordnung – in der er sich dann auch vertraglich vom Kaiser bezahlen ließ. Aus der Bezahlung wurde schließlich doch nichts. Der Kaiser war und blieb pleite. Aber dafür kam die Oberpfalz zu Bayern.

Taktik

1. Maximilian legte sich als erstes einen **genauen Zeitplan** zurecht, bis zu dem das Verhandlungsergebnis – der neue Talerkurs – vorliegen mußte (6. April).
2. Er motivierte den Direktor der drei Kreise, den Bischof von Bamberg, durch die **Mobilisierung seiner Angst- und Verantwortungsgefühle** zu der schnellstmöglichen Einberufung eines Extra-Münzprobationstages.
3. Er überrumpelte dadurch seine Verhandlungspartner, die keine Gelegenheit mehr hatten, sich vorzubereiten oder untereinander abzusprechen, während seine eigenen Abgeordneten mit einer sorgfältig ausgearbeiteten »Instruction« anreisten.
4. Maximilian wies seine Leute an, vorerst nur zuzuhören und zu fragen, um sich ein Bild über die Abstimmungsverhältnisse zu machen – jedoch die eigene Meinung zurückzuhalten.
5. Maximilian verzichtete darauf, seine »Zünglein-an-der-Waage-Rolle« voll auszuspielen, suchte lieber eine starke Rückendeckung für die neue Münzreform, um dadurch das viel wertvollere Vertragswerk mit dem Kaiser (Taler in neuer Reichswährung) nicht zu gefährden.

Politiker-Methode (oder Nachweismethode)

Tagtäglich werden Forderungen an Sie gestellt: Mitarbeiter wollen mehr Gehalt, Verkäufer einen Auftrag, die Sekretärin eine Stunde frei ... der neue Abteilungsleiter Geld für zusätzliche Investitionen. Was tut man in einer solchen

Situation, bei der man eigentlich nicht zustimmen will, andererseits den Bittsteller auch nicht unnötig vergraulen will?

In einer kleinen oberbayerischen Gemeinde habe ich gesehen, wie man es macht. Es hat mich verblüfft, wie hier ein »einfacher« Bürgermeister auf die eleganteste Weise mit einem Bittsteller fertig wurde. Anscheinend lernt diese Technik jeder Politiker bereits mit der Muttermilch, deshalb habe ich sie auch die »Politiker-Methode« genannt.

Bei dieser Versammlung stand plötzlich der Leiter irgendeines Vereins auf und berichtete des langen und breiten über die Notwendigkeit eines neuen Abenteuerspielplatzes, den man in der Nähe des Pfarrhauses anlegen könnte und der den Nachbarn in dieser Gegend bestimmt gefallen würde. Der Bürgermeister hörte trotz eines leicht aufkommenden Unmuts unter den Zuhörern (den er sofort richtig deutete) mit geduldiger Höflichkeit zu (**Regel: nie einen Diskussionspartner, der ernst und sachlich spricht, grob anfahren oder unterbrechen!**), dann machte er eine Feststellung und stellte drei Fragen:

Feststellung

Wir haben bereits im Ortsteil A einen Spielplatz, den wir mit sehr hohen Kosten erstellt haben und der jetzt bedauerlicherweise nicht einmal voll genützt wird, dessen Unterhaltungskosten aber den Gemeindesäckel jedes Jahr mit xy Mark belasten. Trotzdem bin ich dafür, Ihren Vorschlag ernsthaft zu prüfen.

1. Frage

Haben Sie schon bei den Nachbarn in dieser Gegend festgestellt, ob sie ihre Kinder wirklich regelmäßig zu diesem Abenteuerspielplatz schicken würden? … Nein? – Dann schlage ich vor, daß Sie mit Ihrem Verein einmal von Haus zu Haus gehen und eine genaue Befragung vornehmen.

2. Frage

Wer soll den Spielplatz beaufsichtigen? Für einen modernen Abenteuerspielplatz braucht man qualifiziertes Personal. Haben Sie schon Verbindung mit dem Pfarramt aufgenommen? ... Nein? – Dann schlage ich vor, Sie setzen sich mit dem Herrn Pfarrer in Verbindung und klären, wer die Aufsicht übernehmen würde.

3. Frage

Ein solcher Spielplatz kostet heute etwa 100.000 Mark. Dazu kommen noch die ständigen Unterhaltskosten und die Gehälter für das Aufsichtspersonal. Das belastet unseren Jahresetat mit weiteren 50.000 Mark im Jahr. Haben Sie schon überlegt, wie wir das finanzieren können, ob wir dafür vom Land Zuschüsse bekommen? ... Nein? – Dann schlage ich vor, daß Sie sich mit unserem Kämmerer und dem Landrat in Verbindung setzen und einmal überlegen, wie wir die Finanzierung bewältigen können. Denn über eines müssen wir uns klar sein: Wir dürfen auf keinen Fall unüberlegt handeln (Beifall der Anwesenden) und eine Menge Geld ausgeben, ohne zu wissen, daß es auch seinen guten Zweck erfüllt.

Wie finden Sie das? – Ohne auch nur die geringste Abwertung des Vorschlags ausgesprochen zu haben, hat dieser Bürgermeister dem Bittsteller die gesamte **Beweis- und Nachweislast** aufgebürdet. Besonderer Pluspunkt: Er hat sich mit keinem einzigen Wort festgelegt. Wenn die Nachbarn wirklich mit ihrer Unterschrift für einen neuen Abenteuerspielplatz stimmen, warum nicht ...? Er kann sie dann später jederzeit beim Wort bzw. bei ihrer Unterschrift nehmen.

Wie man überraschende Forderungen abwehrt

- **Hören Sie sich die Forderung schweigend an**, ohne zu widersprechen oder zu unterbrechen.
- Lassen Sie sich in **keine Diskussion** über den eigentlichen Verhandlungsgegenstand ein, sondern versuchen Sie, die sofortige Erfüllung durch fünf Antworten zu verzögern.
- **Unverbindlichkeit**: »Ich werde sehen« (berühmter Ausspruch Ludwig XIV. gegenüber Bittstellern)
- **Schriftlichkeit**: »Machen Sie mir ein schriftliches Angebot.«
- **Begründung**: »Warum wollen Sie ...?«
- **Gegenforderung**: »Ich bin damit einverstanden, wenn Sie ...«
- **Beweis**: »Können Sie das beweisen ...?«
- **Zeitgewinn**: »Das kann ich jetzt nicht entscheiden, sprechen wir später darüber ...«

Felix-Krull-Methode (oder Schauspielermethode)

Sie kennen ganz bestimmt jene »Verhandlungsmethode«, mit der es Felix Krull gelang, dem allgemeinen Wehrdienst zu entkommen. Sein provozierender Satz »Ich bin vollkommen diensttauglich!« war so sehr das Gegenteil von dem, was die Stabsärzte jeden Tag zu hören bekamen, daß sie nun erst recht nach seiner Dienstuntauglichkeit Ausschau hielten. Felix Krull schaffte das »untauglich«, weil er die Verantwortlichen in ihrem Berufsethos provoziert hatte (»Das entzieht sich Ihrer Beurteilung«), weil er sich ganz unerwartet verhielt und weil er – was öfters übersehen wird – die Symptome der epileptoiden Anfälle bestens kannte und vorzuspielen wußte.

Auch bei einer weiteren Verhandlung versteht es Felix Krull hervorragend, eine der wichtigsten Eigenschaften eines guten Verhandlers in mustergültiger Weise zu spielen: die Fähigkeit, eine Verhandlung fortzuspinnen – ohne dabei mehr als ein lässiges, fast nachlässiges Interesse zu zeigen. Er versteht es, hervorragend zu verhandeln, ohne sein Gesicht zu verlieren, ohne sich besonders interessant zu zeigen, selbst wenn ihm die Ware – Diebesgut! – wie Feuer in den Fingern brennt. Bei einer Grenzkontrolle hatte er eine kleine Kassette mit wertvollem Schmuck »versehentlich« mit eingepackt. Bei einem Uhrmacher versuchte er nun, ins Geschäft zu kommen – der Umstände halber und so »nebenbei ...«

Doch die **erste Runde** endet damit, daß der Uhrmachermeister Krulls Angebot uninteressiert abtut. »Wenn Sie meinen, nicht recht zu hören, mein Junge, so nehmen Sie Ihren Plunder und trollen Sie sich.«

Die **zweite Runde** beginnt: Felix Krull offenbart, was er außer dem bisher gezeigten Ring noch an »Schätzen« bei sich hat; daraufhin bittet ihn der Uhrmachermeister in sein Hinterzimmer.

Beide achten nach wie vor darauf, nicht das geringste Interesse an dem Angebot des anderen zu offenbaren. Felix Krull breitet seine wunderschöne »Bescherung« auf dem Tisch aus.

»Was meinen Sie dazu?« fragte ich mit ruhigem Stolz.

Ich sah, wie er ein Glitzern seiner Augen, ein Schmatzen seiner Lippen nicht ganz verbergen konnte. Aber er gab sich den Anschein, als wartete er auf mehr, und erkundigte sich schließlich trockenen Tones: »Nun? Das ist alles?« »Alles?« wiederholte ich. »Meister, Sie sollten nicht tun, als ob es nicht lange her wäre, daß Ihnen eine solche Kollekton zum Kaufe angeboten wurde.«

»Du möchtest sie sehr gern loswerden, deine Kollektion?«

»Überschätzen Sie nicht die Hitzigkeit meines Wunsches«, erwiderte ich. »Wenn Sie mich fragen, ob ich mich ihrer zu einem vernünftigen Preis zu entäußern wünsche, so kann ich zustimmen.«

Nachdem man sich beiderseits fast völlige Interesselosigkeit bestätigt hatte, begann man mit der genaueren Prüfung der Pretiosen und dem Preisgefeilsche.

Wieder zog man auf beiden Seiten alle Register der hohen Schauspielkunst, angefangen vom unbändigen Gelächter über scherzhafte Angebote bis zum versuchten Verhandlungsabbruch.

Runde drei beginnt damit, daß der Uhrmachermeister Felix Krull »testen« will – mit einem Niedrigstangebot.

Sein erstes Angebot: »Fünfhundert Franken.«
»Wofür, wenn ich fragen darf?«
»Für alles zusammen.«
»Sie scherzen.«

Als der Uhrmachermeister von solchen Scherzen nicht ablassen will, versucht Felix Krull, Druck auf ihn auszuüben: »… Schließlich weiß ich, daß es auch auf diesem Geschäftsgebiet Konkurrenz gibt, die ich zu finden wissen werde.«

Und als Meister Pierre immer noch nicht mit den Scherzangeboten aufhören will, droht Krull mit dem Verhandlungsabbruch. »Schweigend begann ich, das Schmuckwerk, vor allem die Brillantkette, wieder in meinen Taschen zu verstauen.«

Runde vier: Man nähert sich allmählich realistischen Vorstellungen. Während der Uhrmacher Felix Krull vorschwärmt, was er mit den bisher gebotenen 800 Franken alles kaufen könne, und ihm gleichzeitig sein Risiko unter die Nase reibt, gibt Krull zu bedenken, daß bisher von der gestohlenen Ware nichts in der Zeitung gestanden habe, und nennt zum erstenmal seine Preisvorstellung – 9000 Franken. Meister Pierre reagiert wie erwartet. Großes Gelächter: »Du bist verrückt … Hör, Junge, es ist gewiß das allererste Geschäft dieser Art, das du Grünschnabel abzuschließen versuchst?«

Nun holt Felix Krull Hebel zwei seiner Motivationszangen hervor, indem er Meister Pierre auffordert, doch an die Zukunft zu denken und nicht nur an dieses eine Geschäft: »Achten Sie den frischen Anlauf einer neu auftretenden Begabung! Stoßen Sie sie nicht durch stupide Filzigkeit zurück, sondern suchen Sie sie durch eine offene Hand für Ihr Interesse zu gewinnen, denn noch manches mag sie Ihnen zutragen …« Danach begannen sie ernsthaft zu verhandeln, um jedes Stück zu ringen und zu feilschen – ein grober Fehler, wie Krull zu spät erkannte.

Die Technik

1. Man verhandelt **stufenweise**.
2. Man verhandelt über das Hauptprojekt erst, wenn man von dem Verhandlungspartner **ernsthaft akzeptiert** wurde.
3. Man gibt sich zumindest am Anfang absolut **uninteressiert**.
4. Man versucht, durch ein lebhaftes **Mimik- und Gebärdenspiel** den Verhandlungspartner von der Lächerlichkeit seiner Angebote zu überzeugen.
5. Wer Einzelleistungen (Service, Reparatur …) zu verkaufen hat, soll jede Leistung einzeln verkaufen; wer sie zu bezahlen hat, soll über einen Gesamtpreis verhandeln.

Lincoln-Ford-Methode (oder Verschiebungsmethode)

Die folgenden Verhandlungsmethoden, die beide vor Gericht historische Berühmtheit erlangten, sollen Ihnen zeigen, wie man einen langatmigen und weitschweifigen Verhandlungspartner durch eine geschickte Strategie zum eigentlichen **Kern der Sache** zurückführt.

Beispiel 1

Es ging um einen Prozeß, in dem eine große Schiffsgesellschaft einer Eisenbahngesellschaft den Bau einer Brücke verwehren wollte. Anwalt der Schiffsgesellschaft war einer der besten Juristen des Landes: Mr. Wead. Anwalt der Eisenbahngesellschaft war der damals noch völlig unbekannte Landanwalt Abraham Lincoln. Mr. Wead sprach zuerst, hielt ein fabelhaftes, bestechendes Plädoyer und riß die Zuhörer nach zwei Stunden zu einem begeisterten Applaus hin.

Lincoln sprach nur zwei Minuten. Er sagte: »Zuerst möchte ich dem Gegenanwalt zu einer glänzenden Rede gratulieren. Nie hörte ich ein besseres Plädoyer. Aber – meine Herren Geschworenen – Mr. Wead, der eine gute Rede hielt, mich aber weder menschlich noch sachlich überzeugte, hat leider die Hauptsache übersehen: Die Bedürfnisse der Bürger, die von Osten nach Westen reisen, sind schließlich nicht geringer als diejenigen, die den Fluß befahren. Die einzige Frage, die Sie entscheiden müssen, ist die, ob Leute, die den Fluß hinauf- und hinabreisen, mehr Rechte haben als diejenigen, die ihn überqueren wollen.« – Die Geschworenen entschieden sich für die Eisenbahn.

Versuchen wir, diese Rede kurz zu *analysieren*:

1. **Gegensatz**. Lincoln sprach statt zwei Stunden kaum zwei Minuten. Dadurch sicherte er sich nicht nur die Aufmerksamkeit der Zuhörer, sondern entlarvte das »Zweistundenplädoyer« seines Gegners indirekt als hohles Geschwätz.

2. **Sympathiegewinnung**. Lincoln gratulierte seinem Gegner zu dem glänzenden Plädoyer – und indirekt damit auch den Zuhörern, die so begeistert Beifall geklatscht hatten.

3. **Motivansprache**. Lincoln ging nicht auf Rechtsfindigkeiten ein, sondern auf die grundlegenden Bedürfnisse der Landbewohner.

4. **Verschiebetechnik**. Lincoln »verschob« das Kernproblem der Entscheidung. Er ließ die Geschworenen nicht darüber abstimmen, ob die Brücke gebaut werden soll oder nicht (ja oder nein?), sondern ob Flußreisende mehr Rechte haben als Landreisende (das oder das?).

Beispiel 2

Während des Ersten Weltkrieges nannte eine Chicagoer Zeitung in einem ihrer Leitartikel Henry Ford einen »unwissenden Pazifisten«. Es kam zur Gerichtsverhandlung. Die gegnerischen Anwälte versuchten, Ford durch alle möglichen und unmöglichen Fragen als Ignoranten bloßzustellen. Unter anderem fragten sie: »Wie viele Soldaten entsandte die britische Krone 1776 nach Amerika, um den Aufstand zu unterdrücken?« Ford antwortete sarkastisch: »Die genaue Zahl ist mir unbekannt, aber ich weiß jedenfalls, daß die Zahl der Heimkehrer weitaus geringer war.« Danach versetzte er gereizt: »Wollen Sie bitte zur Kenntnis nehmen: Wenn mir wirklich etwas daran läge, dic letzte und alle vorausgegangenen dummen Fragen zu beantworten, so bräuchte ich nur einen der vielen Knöpfe auf meinem Schreibtisch zu drücken, um den entsprechenden Fachmann herbeizurufen. Mir stehen genug Leute zur Verfügung … Vielleicht haben Sie die Freundlichkeit, mir zu verraten, warum ich mein Gedächtnis mit allem möglichen unnützen Kram belasten soll, wenn ich von Experten umgeben bin, die mir Rede und Auskunft stehen.«

Technik

Lincoln wie Ford benützten die gleiche Technik.

1. Sie übernahmen **nicht die Entscheidungsfrage ihrer Verhandlungspartner**: Brücke ja oder nein? – Ignorant ja oder nein?
2. Sie warfen eine **andere Entscheidungsfrage** auf, die nicht Einzelheiten berührte, sondern Grundbedürfnisse, Grundrechte, Grundeinsichten: Gleichheitsrecht und sinnvolle Arbeitsteilung.
3. **Sie verschoben den Schwerpunkt der Verhandlung** durch eine geschickte Frage, indem sie aus einer »Ja-Nein-Frage« eine »Dies-oder-das-Frage« machten.

Wead:	Brückenbau – ja oder nein?
Lincoln:	Haben die Flußreisenden mehr Rechte als die Landreisenden?
Chicagoer Zeitung:	Ist Ford unwissend – ja oder nein?
Ford:	Ist es sinnvoll, das eigene Gedächtnis zu belasten anstatt das der Fachleute?

Praktische Anwendung

- Übernehmen Sie nicht die Entscheidungsfrage Ihres Verhandlungspartners!
- Sprechen Sie das tieferliegende allgemeine und wesentliche Problem an!
- Verschieben Sie den Schwerpunkt der Verhandlung, indem Sie zwei Entscheidungsmöglichkeiten (statt einer) vorstellen, von denen eine deutlich »logischer« ist!

Kompromiß-Methode

Diese Methode soll dem Verhandlungspartner suggerieren, daß beide Seiten einen fairen Kompromiß schließen sollten, daß beide Seiten Abstriche von ihren Zielvorstellungen machen sollten. Angenommen, Sie wollen als Geschäftsführer neu investieren und vor allem die schon etwas unrentablen und unrationellen Produktionsmaschinen durch neue moderne ersetzen. Ihr Betriebsleiter kennt jedoch die alten Maschinen sehr gut, versteht sie auch bestens zu handhaben und wehrt sich gegen jede neue Investition in seinem Maschinenpark.

Um einen »Kompromiß vorzuschlagen«, *gehen Sie in vier Schritten vor:*

1. *Sie unterstreichen die Bedeutung der Partnermeinung.*

   »Wenn ich Sie recht verstehe, sind Sie gegen jede Investition zu diesem Zeitpunkt.«

2. *Sie sprechen einem Außenstehenden eine extreme Position zu.*

   »Die Techniker würden am liebsten alle Maschinen auf einen Schlag hinauswerfen und das Neueste vom Neuen kaufen.«

3. *Sie distanzieren sich nachdrücklich von dieser Extrem-Meinung.*

   »Aber das ist Utopie und Unfug! Soweit will ich gar nicht gehen.«

4. *Sie schlagen einen Kompromiß in der Mitte zwischen der Buhmann-Meinung und der Partnermeinung vor.*

   »Aber ich meine, wir sollten eine vernünftige Regelung finden, die allen Beteiligten entgegenkommt. Wir sollten jetzt alle Maschinen, die älter als 6 Jahre sind, ersetzen und alle, die jünger sind, weiterbehalten ... Ich glaube, das wäre ein fairer Kompromiß!«

Diese Methode läßt sich natürlich noch ausfeilen, wenn Sie an die persönlichen Gefühle appellieren. Bei einem Seminar für Verkaufsleiter sagte einmal der Betreuer, als er einige vorwurfsvolle Blicke wegen des engen Raumes aufgefangen hatte:

(1) Ja, ich sehe schon, es ist ein bißchen eng hier ...

(2) ... Aber ich glaube, es ist immer noch besser, als wenn Sie verloren und fröstelnd (!) in einem großen Saal sitzen würden.

(3) Deshalb bin ich froh, daß wir diesen Raum bekommen haben.

(4) ... Da entsteht doch wesentlich schneller ein intensives Arbeitsklima (Reaktion der Zuhörer: beifälliges Kopfnicken).

Übersicht über die zehn Verhandlungsmethoden

---

1. Max-Merkel-Methode (Bilanzmethode)

- zuerst möglichst viele – in Zahlen bewertbare – **Argumente sammeln**
- vor dem Verhandlungspartner (VP) alle Pro- und Kontraargumente in einer Art **Bilanz** schriftlich gegenüberstellen
- den VP durch das Ungleichgewicht der beiden Seiten von der Stärke der eigenen und der Dürftigkeit der gegnerischen Argumente überzeugen

---

2. Johnson-Methode (Vier-Stufen-Methode)

- zuerst **vier verschiedene Lösungsvorschläge** ausarbeiten. Kriterien sind Qualität und Durchsetzbarkeit!
- den VP stufenweise von der schlechtesten Lösung (Stufe 4) weg bis zur besten Lösung (Stufe 1) hinaufverhandeln bzw. sich wieder auf Stufe zwei herunterhandeln lassen (allgemeiner Kompromiß!)

---

3. Talleyrand-Methode (Kongreßmethode)

- zuerst gezielt nach Verhandlungswaffen (**Argumenten, Prinzipien**) und der geeigneten Verhandlungstaktik (**Wiederholungstechnik**) suchen

- verbündete VP durch die Mobilisierung von Neid- und Angstgefühlen spalten
- eigene Verbündete durch die **Betonung gemeinsamer Interessen** gewinnen

---

4. Bel-Ami-Methode (Senfkornmethode)

- dem VP genau sagen, was man will: wo, wann, wie
- ihm aber zugleich **verbieten, sofort zu antworten**. Er soll es sich überlegen!

---

5. Kurfürst-Maximilian-Methode (Überrumpelungsmethode)

- zuerst genauen **Zeitplan aufstellen**. Stillschweigen gegenüber jedermann!
- dann die VP durch die Vorspiegelung einer plötzlichen Gefahr oder Chance unter **Termin- und Handlungszwang** setzen

---

6. Politiker-Methode (Nachweismethode)

- zuerst alle Forderungen und Wünsche der VP **ohne Widerspruch** anhören
- dann den VP nach Begründung, Berechtigung, Realisierbarkeit seiner Froderungen fragen

---

7. Felix-Krull-Methode (Schauspielermethode)

- zuerst dem VP **völlige Gleichgültigkeit** gegenüber seinem Angebot zeigen

- dann durch »**Schauspielereien**« (Lachen, Spott, Hohn, Aufbruchsimulierung) Persönlichkeit des VP und Verhandlungsspielraum testen
- Hauptverhandlung erst beginnen, wenn sich beide VP »**akzeptiert**« haben

---

8. Lincoln-Ford-Methode (Verschiebungsmethode)

- Argumente und Entscheidungsfrage (**ja oder nein?**) des VP nicht akzeptieren
- eigene Argumentation auf die eigentliche Kernfrage verschieben
- Kernfrage in Form von zwei Kriterien (**gut oder böse?**) zur Entscheidung stellen

---

9. Kompromiß-Methode

- zur Meinung des VP eine **extrem gegensätzliche »Meinung«** konstruieren
- dann sich von diesen beiden extremen Meinungen distanzieren und einen **Kompromiß** (die eigene Meinung) vorschlagen

---

II Howard Hughes' erfolgreiche Verhandlungsmethoden

Verhandlungstips auf dem Prüfstand

Stimmen Sie folgenden Aussagen zu? – Um beim *Verhandeln* Erfolg zu haben, ist es gut

	ja	nein
1. ein möglichst angenehmes Verhandlungsklima (Raum, Umgebung, Zeit, Ort ...) herzustellen	❑	❑
2. keine langen »Mätzchen« zu machen, sondern klar zu sagen, was man möchte	❑	❑
3. weder eigene Gefühle zu zeigen noch die Gefühle des anderen anzusprechen	❑	❑
4. einen möglichst positiven Kontakt zum Verhandlungspartner herzustellen (nicht warten lassen, freundlich sein ...)	❑	❑
5. die Verhandlungen nicht in die Länge zu ziehen, sondern möglichst rasch und zielstrebig zu verhandeln	❑	❑
6. möglichst wenig Mißverständnisse aufkommen zu lassen, von Anfang an zu sagen, was man möchte und zu welchen Bedingungen man sich einen möglichen Abschluß vorstellen kann	❑	❑
7. weder sich selbst noch den Verhandlungspartner unter Termindruck zu setzen	❑	❑
8. bei einem guten Angebot sofort zuzugreifen, um kein Risiko einzugehen	❑	❑

9. wenn man schon Konzessionen machen muß, sie schnell und freiwillig zu machen ❑ ❑

10. wenn man in einer Sackgasse gelandet ist, nicht aufzuhören, sondern die Sache von allen Seiten zu beleuchten, bis man schließlich doch einen Ausweg findet ❑ ❑

Wie Sie diese zehn Fragen beantwortet haben, weiß ich nicht. Howard Hughes, ehemaliger Multimillionär, hätte sie auf jeden Fall alle mit Nein beantwortet. Denn seine Verhandlungsmethoden basierten geradezu darauf, den anderen irgendwie unter Druck zu setzen, in Terminzwang zu bringen, ein frostiges, teilweise unerträgliches Verhandlungsklima zu schaffen. Von diesen Verhandlungsmethoden und ihren Erfolgen soll in den folgenden Beispielen die Rede sein.

Wie man mit »Hoffnungen« verhandelt

Wir haben die Verhandlungsmethode »**Zuckerbrot und Peitsche**«, also dem Verhandlungspartner ebenso empfindliche Nachteile wie angenehme Vorteile zu suggerieren, schon öfters erwähnt. Das eigentliche Geheimnis dieser Methode besteht jedoch darin, daß Sie als Verhandlungspartner weder das eine noch das andere auch wirklich besitzen müssen. Sie müssen es nur glaubhaft vertreten können. Sie müssen nur imstande sein, diese Hoffnungen auf Belohnungen und Angstgefühle vor Bestrafungen dem anderen bewußtzumachen. Die Welt wird nicht regiert durch die Tatsachen, sondern durch die Vorstellungen von den Tatsachen. Wie man damit verhandelt, zeigt das folgende Beispiel.

Noah Dietrich – Generalbevollmächtigter von Howard Hughes – erhielt eines Tages von Hughes den Auftrag, das

Honorar eines Rechtsanwalts von 50.000 auf 25.000 Dollar herunterzuhandeln. Dietrich beschreibt sein Vorgehen selbst:

Ich rief den Rechtsanwalt an und probierte eine List aus. »Wissen Sie, Howard war von Ihrer Arbeit an diesem Fall sehr beeindruckt«, erzählte ich ihm. »In den kommenden Monaten und Jahren, die vor uns liegen, wird eine ganze Menge juristischer Arbeit auf uns zukommen. Ich glaube, Sie könnten einen großen Teil davon übernehmen, wenn Sie jetzt Ihre Chance wahrnehmen.«
»Wirklich?« fragte der Rechtsanwalt, »könnten Sie mir da irgendeinen Hinweis geben?«
»Na ja, ich könnte mir denken, Ihr Honorar von fünfzigtausend Dollar schreckt ihn ein wenig ab.«
»Vielleicht haben Sie recht. Wie wäre es, wenn ich es auf zwölftausendfünfhundert reduziere?«
»Sagen wir fünfzehntausend«, sagte ich.

Ob der Anwalt zu seinen Aufträgen kam? – Dietrichs persönlicher Kommentar zu dieser Verhandlungsmethode: »Es war ein schmutziger Trick, einem Rechtsanwalt Hoffnungen auf die Vertretung des Howard-Hughes-Imperiums zu machen, nur damit Howard ein korrektes Honorar kürzen konnte.«

Dieses Beispiel zeigt aber auch, wie sich dieser Anwalt – fasziniert von einer vagen Andeutung – sofort dazu herbeiließ, sein Honorar um fast dreiviertel des Betrags zu kürzen.

Regel

Es kommt nicht darauf an, ob wir unseren Verhandlungspartner wirklich belohnen oder bedrohen können, sondern einzig, **ob wir diese Belohnungen und Bedrohungen glaubwürdig suggerieren können**. Manche durchschauen dieses Spiel nie und zahlen mit lebenslänglicher Abhängigkeit. Andere lassen sich nicht einen Augenblick auf dieses »Spiel« ein.

Wie man mit Hilfe der Zeit eine Rechnung um 60.000 Dollar kürzt

Howard Hughes – leidenschaftlicher Flieger – hatte sich eine Boeing P-4 gekauft, die natürlich seinen außergewöhnlichen Ansprüchen noch bei weitem nicht genügte. Er ließ den »Vogel« bei der Douglas Aircraft total umbauen. Kosten: 150.000 Dollar. Hughes lehnte die Bezahlung sofort ab. »Douglas versucht, mich übers Ohr zu hauen«, war sein Kommentar, obwohl sein Generalbevollmächtigter die Rechnung überprüft und für ordnungsgemäß befunden hatte. Man verhandelte und verhandelte ... über sechs Monate hinweg – bis es Douglas schließlich zuviel wurde. Er gab auf. »Dietrich, gehen Sie mit dieser Rechnung zu Mr. Hughes, und bestellen Sie ihm, er könne seinen Scheck über jede Summe ausstellen, die er wolle. Meinetwegen fünf Dollar, fünftausend Dollar oder irgendeinen Betrag – ich zeichne ihn ab. Und bestellen Sie ihm, ich hätte nicht die Absicht, jemals wieder ein Geschäft mit ihm zu machen.«

Das Ergebnis: Hughes stellte einen Scheck über 15.000 Dollar aus. Douglas akzeptierte ihn – und machte trotz allem weiterhin Geschäfte mit Howard Hughes.

Hughes hatte gewonnen, weil es ihn mit der Bezahlung nicht drängte, weil er zum Neinsagen auch seinen Bevollmächtigten schicken konnte, Douglas aber stets persönlich anwesend sein mußte. Auf die Dauer konnte sich Douglas diesen Zeitverlust nicht leisten (eher den Geldverlust), und darauf spekulierte Hughes.

Regel

Zeit ist Geld. Je wertvoller die Zeit Ihres Verhandlungspartners ist, um so schneller gerät er in **Zugzwang**. Zu wissen, wann der andere das Verhandlungsergebnis unbedingt braucht, ist (fast) der halbe Verhandlungserfolg.

Wie man durch ein nervenaufreibendes Verhandlungsklima der Alleinbesitzer einer Firma wird

Als Howard Hughes als 18jähriger »Junge« seine Karriere begann, hatte ihm sein Vater 75% der Hughes Tool Company hinterlassen. Die restlichen 25% gehörten Verwandten. Doch Howard Hughes wollte Alleinbesitzer werden. Dietrich berichtet: »Er bedrängte seine Verwandten so lange, bis sie ihm ihren Viertelanteil verkauften. Sie wollten zwar nicht, doch Howard hatte den längeren Atem. Er machte sich unbeliebt dabei, und einmal packte ihn sein Onkel Rupert am Kragen und Hosenboden und warf ihn zur Tür hinaus. Doch Howard kam zurück. – Schließlich stimmten seine Verwandten zu, nur um ihn loszuwerden.«

Regel 1

Keine Verhandlungsmethode ist auf die Dauer so wirksam wie die **stereotype, sture Wiederholung der eigenen Ansichten** und Forderungen. Bis sie dem Verhandlungspartner auf die Nerven geht – und er unterschreibt.

Regel 2

Natürlich sollen Sie ein **»günstiges« Verhandlungsklima** schaffen. Aber das günstige Verhandlungsklima muß keineswegs immer ein freundliches sein – günstig eben für das eigene Verhandlungsziel.

Wie man zuerst das Vertrauen und dann die Brieftasche des Verhandlungspartners gewinnt

»Nobody is perfect.« Dieser Satz gilt im allgemeinen und ganz im besonderen für den nächsten Fall und die Rolle, die Howard Hughes darin spielte. Der Trick, auf den (diesmal) Hughes hereinfiel, ist ebenso primitiv wie wirksam. Es ist die Methode, zuerst Vertrauen zu gewinnen und dann abzukassieren. Aber gute Männer lernen – wie einer der bekanntesten amerikanischen Filmproduzenten, Robert Evans, sagte – nicht aus ihren Erfolgen, sondern aus ihren Niederlagen. Hier ist die Geschichte.

Mit der Empfehlung einiger Freunde war eines Tages ein Mann in Hughes' Büro gekommen und hatte ihm einen Scheck über 20.000 Dollar überreicht. Dazu erzählte der Mann:

»Wir haben ein phantastisches Syndikat … Wir haben sagenhafte Gewinne mit Aktien gemacht. Nun dachten die Boys und ich, daß Howard Hughes hier eigentlich mit von der Partie sein müßte. Aber wir wußten ja, daß Sie ein gewitzter Bursche sind. Deshalb suchten wir nach einem Weg, um Ihnen zu zeigen, welch prima Sache wir da haben. So beteiligten wir Sie an unserer letzten Aktion, ohne Ihnen etwas davon zu sagen. Hier ist Ihr Anteil am Gewinn: zwanzigtausend Dollar.«

Obwohl sein Generalbevollmächtigter Dietrich ihn sofort auf diesen Ganoventrick aufmerksam machte, wollte Hughes von diesen Warnungen nichts wissen und stürzte sich kopfüber in dieses Abenteuer. Die Rechnung ließ nicht lange auf sich warten. Man verkaufte ihm General-Motors-Aktien, die man früher billig eingekauft hatte, zum Höchstpreis von 300 Dollar. Als der Börsenkrach kam, sanken sie auf acht Dollar, und Howard Hughes verlor eine Menge Geld.

Die zweite Variante

Diesen Trick – zuerst das Vertrauen, dann die Brieftasche zu gewinnen – verwendete auch der »Ungarn-Kreis« mit dem »**Gauner des Jahrhunderts**« (Stern), als er nicht nur reiche Geschäftsleute um Hunderttausende prellte, sondern auch seriöse Banken um Millionen begaunerte.

Auch hier ging man in derselben Weise vor: Bandenchef Henry Orlander, das Gehirn dieser »raffiniertesten Fälscherbande der Welt«, fuhr stets standesgemäß im Rolls Royce und Nadelstreifen-Zweireiher vor. Als Direktor der panamesischen International Trust Company eröffnete er bei einer Londoner Großbank vier Konten, zahlte 100.000 Dollar ein und kaufte einige Kreditbriefe.

Einige Tage später wurde es auf den Konten lebendig. Aus Rom liefen 250.000 Dollar ein, aus New York schickte die panamesische Firma 400.000 Dollar, aus Beirut 150.000 Dollar. Mit Wohlwollen sahen die »Banker« dem regen Treiben zu.

Inzwischen hatten Helfer nach den Original-Kreditbriefen ungemein echt wirkende Kopien gefälscht. Jetzt trat die »Auslandabteilung« der Fälscherbande an: Seriös wirkende Herren tauchten im Nahen Osten bei verschiedenen Banken auf und lösten die echten Kreditbriefe gegen Bargeld ein. Jedesmal, wenn die Kassiere in London nachfragten, bekamen sie die Antwort: In Ordnung. Schnell gewannen Orlanders Leute das Vertrauen der Bankiers.

Ihre Stunde schlug, als die Bankiers durch einige saubere Geschäfte eingelullt waren. So im Frühjahr 1976. Bei sechs Nahostbanken schlugen Orlanders Männer gleichzeitig zu. Jetzt legten sie gefälschte Kreditbriefe im Wert von 2,5 Millionen Dollar vor und baten um sofortige Auszahlung. Der Trick war, daß sie an einem Samstag auftraten. An diesem Tag sind die Banken im Nahen Osten offen, in London aber nicht. Die Bankiers hätten also frühestens am Montag in der Hauptstadt anfragen können. Die Schwindler verlangten ihr Geld aber gleich. Und da die Kassierer sie als anständige Kunden kannten, zahlten sie aus.

Die dritte Variante

Einen besonders delikaten Verhandlungspartner suchte sich ein Wiener Mitarbeiter dieser Gruppe aus. Sein Name: Leopold Ledl, von Beruf Fleischhauergeselle. Aber weil man halt in dieser Welt mit einer solchen Berufsangabe kaum Ehre einlegen kann, schon gar nicht, wenn man mit dem Vatikan Geschäfte machen will, polierte Ledl sein Image etwas auf, nannte sich folglich Dr. Ledl, diente sich dem König von Burundi als Finanzberater an, erwarb ein kleines, aber feines Schlößchen bei Wien und beschäftigte sich in Zukunft damit, lieber Menschen als Schweine und Ochsen auszunehmen. Ausgenommen werden sollte auch – der Vatikan. Der höchste Berater des Papstes, Kardinal Tisserant, empfing Ledl sechsmal und zeigte sich sehr interessiert, mit Aktien von IBM oder Coca-Cola das Geld der Kirche vor der Inflation zu retten. Ledls Sonderangebot: Für die Kirche sollten die Papiere nur 66% ihres Nennwertes kosten. Bei diesem Preis sagte der Kardinal zu, 990 Millionen Dollar (!) flüssig zu machen. Der günstige Preis war – angeblich – durch relativ geringe Beschaffungskosten möglich. In Wirklichkeit sollten die Aktien als Fälschungen angedient werden.

Doch dann – war es ein Einfall des heiligen Geistes oder des gesunden Menschenverstandes – nahm ein deutscher Jesuitenpater den »Poldi« (Dr. Leopold Ledl) unter die Lupe. In diesem Fachgespräch über die Feinheiten der Hochfinanz kam der Fleischer ins Schleudern, und der gewiefte Pater roch den Braten. – Ledl wanderte in den Bau.

Die vierte Variante

Diese Geschichte ist mir selbst passiert. Bekannte waren im Begriff, ihre Firma zu verkaufen. Verkaufswert mehrere Millionen Mark. Hofiertester Kaufinteressent war ein Münchner Makler, der auf großem Fuß lebte, über »**un-**

wahrscheinliche« Beziehungen verfügte und einen äußerst vertrauenswürdigen Eindruck machte. Zumindest nach den Angaben der Leute. Ich selbst habe den Herrn nie gesehen. Vielleicht blieb ich deshalb von seinem »Eindruck« unberührt. – Eines Tages klingelte das Telefon. Am Apparat war der Makler persönlich und bot mir ein Grundstück am Stadtrand Münchens zu einem **fabelhaft günstigen Preis** von 50 Mark pro Quadratmeter an. Eine einmalige Gelegenheit? – Hätten Sie zugegriffen?

Folgendes machte mich stutzig:

1. Warum ruft ein renommierter Makler, der ansonsten mit »Millionenprojekten« handelt, mich persönlich wegen eines 25.000-Mark-Grundstückes an?

2. Warum sagt mir dieser Makler – selbst auf meine direkte Frage – nicht, wo dieses Grundstück genau liegt, bietet sich aber an, es mit mir gemeinsam zu besichtigen?

Ich machte das Grundstück trotzdem ausfindig, sah eine riesengroße Wiese, die nur Parzelle für Parzelle verkauft werden würde und die im Abstand von zwei Kilometern den Flughafen vor sich hatte. Einen vorbeifahrenden Bauern fragte ich, wann denn hier gebaut werde. Seine Antwort: »In den nächsten zehn Jahren ganz bestimmt nicht, oder glauben Sie, daß wir Bauern sonst unsere Grundstükke hergeben würden?« – »Was kostet der Quadratmeter heut?« – »Als Ackerland fünf Mark, als Privatland zwanzig Mark.« Und für 50 Mark sollte ich die einmalige Gelegenheit wahrnehmen! Spätestens in zwei Jahren sollte der erste Spatenstich getan werden. – Doch noch immer weht der Wind über diese Wiese, schaukeln Glockenblumen im satten Grün.

Praktische Erkenntnisse

Alle gerissenen Verhandlungspartner, die überaus hohe Gewinne und einmalige Chancen anbieten, versuchen immer wieder nur eins: **das Gefühl anzusprechen und den Verstand** (das kritische Mißtrauen) **auszuschalten**. Die Köder, die sie dabei verwenden, sind:

- ein seriöses Auftreten mit allen Attributen des Erfolgs, des Reichtums, des Expertentums und der Beziehungen
- die Wiederholung einiger vertrauenerweckender, sauberer Geschäfte
- die Präsentation eines einmaligen, exklusiven, aber leider nur sehr kurzfristig möglichen Angebots (der großen Nachfrage wegen!)

In allen drei Fällen versuchen sie, »Eindruck« zu machen, d.h., bei den Verhandlungspartnern Gefühle der Achtung, Bewunderung, Ehrfurcht und Besitzgier zu mobilisieren: erstens, um damit das kritische Denken zu blockieren (»Was das Herz begehrt, rechtfertigt der Verstand«); zweitens, um jene Hemmungen zu verstärken, die es dem Verhandlungspartner »verbieten«, unangenehme Fragen zu stellen. – Dagegen gibt es nur ein Mittel: sich diese Absichten bewußtzumachen und sich selbst immer wieder die Frage »Warum?« zu stellen. »Warum macht er ausgerechnet mir ein so günstiges Angebot?«

Wie man durch Panik den Preis in die Höhe treibt

Howard Hughes gebrauchte die **Zeit als Verhandlungsfaktor** ebenso virtuos wie Paganini seine Stradivari. Hughes hatte vor allem erkannt, daß »Zeit« und »Zeit« noch lange nicht dasselbe sind. Verhandlungen plätschern oft lange Zeit dahin. Beide Parteien verhandeln mit »Pokerface«. Aber die letzten zwei, drei Tage solcher monatelangen Verhandlungen können – wenn dem andern dann das Wasser bis zum Halse steht – den Preis um fast das 30fache hinauftreiben. Wie, soll die folgende Geschichte zeigen:

Los Angeles wollte einst das Gebiet um Play Del Rey zu einem Bootshafen für Segelfreunde umbauen. Zu diesem Zweck brauchte man einige Morgen Land, die Howard Hughes einst für die Hughes Aircraft erworben hatte. Hughes war dagegen. Zwei Jahre lang vereitelte er (mit allen Mitteln) jeden Versuch der Stadtväter, zu einem Kaufabschluß zu kommen. Schließlich klagten sie auf Zwangsenteignung. Doch Hughes weigerte sich weiterhin.

Da begingen die Stadtväter einen unverzeihlichen Fehler. Sie hatten sich selbst eine Terminfalle gestellt. Die Baggerarbeiten mußten schleunigst beginnen. Verzweifelt fragten sie, ob sie nicht wenigstens eineinhalb Morgen Küstenstreifen bekommen könnten – und zwar sofort! Sie boten die phantastische Summe von 54.000 Dollar dafür. Dietrich machte keineswegs einen Freudenschrei, sondern erhöhte die Forderung – eingedenk der Regel, daß man ein gutes (freiwilliges) Angebot nie sofort akzeptieren darf – auf 84.000 Dollar. 84.000 Dollar für ein Land, das Hughes einst 3000 Dollar gekostet hatte. Fürwahr ein stolzer Lohn für ein bißchen Hartnäckigkeit und Zeitvertreib.

Regeln

1. Versuchen Sie, sich selbst von jedem Terminzwang frei zu halten. Geben Sie nie Ihrem Verhandlungspartner **Aufschluß über Ihren Zeitplan.**
2. Zeigen Sie auch offen, daß Sie **nicht unter Terminzwang** stehen.
3. Versuchen Sie, die Terminvorstellungen des Verhandlungspartners herauszubekommen, zumindest, wieviel Zeit Ihr Verhandlungspartner dafür investieren kann.
4. Akzeptieren Sie nie sofort ein gutes (freiwilliges) Angebot. Dahinter könnte eine Goldader stecken.
5. Werten Sie alles, was man von Ihnen will, als das Kostbarste der Welt, von dem Sie sich nur sehr schwer trennen können.

III Verhandlungstaktiken in der Praxis

Folgende Verhandlungstaktiken werden immer wieder in der Praxis mit großem Erfolg angewandt. Sie erfordern nur eine geringe Vorbereitung und sind leicht anwendbar.

Umweg-Methode – oder: Wie man den Verhandlungspartner zum Handeln zwingt

Der praktische Fall: Ein Verkaufstrainer hat in einer Firma einen Verkäuferkurs abgehalten und möchte gern auch im zweiten Halbjahr mit dieser Firma zusammenarbeiten. Die Firma hat ihm aber noch kein Angebot gemacht. Bei der Schlußbesprechung (Manöverkritik) sagt er: »Welche Themen haben Sie denn für das zweite Halbjahr vorgesehen? … Noch keine? … Dann reserviere ich Ihnen mal auf jeden Fall die 42. und 43. Woche … Haben Sie sich das notiert?«

Ebenso wirkungsvoll läßt sich diese Methode bei schriftlichen Besuchsvoranmeldungen verwenden. Sie schreiben Ihrem Verhandlungspartner:

»Ich würde gern folgende Punkte … mit Ihnen klären. Paßt es Ihnen am 23. September, nachmittags um 14 Uhr? Sollte ich von Ihnen keinen anderen Bescheid bekommen, werde ich Sie um diese Zeit in Ihrem Büro besuchen …«

Regel

Man zwingt den anderen, aktiv zu werden, zu reagieren.

WIR-Methode – oder: Wie man Eindruck macht

Ein Annoncen-Vertreter einer der größten deutschen Wirtschaftsmagazine beherrschte dieses Verfahren meisterhaft. Man hatte den Eindruck, als verbringe dieser Mann die meiste Zeit in der Chefetage seines Betriebs und die vorliegende Aufgabe sei reine Nebensache. Seine Technik: Er kommentierte alle Vorgänge in seinem Haus und seiner Branche im **Wir-Stil**, auch Vorstandsentscheidungen.

»Zuerst war der Meier bei uns Chefredakteur … Dann gab es eine Fusion, und er wollte weg … Wir wollten ihn gerne halten, schließlich mußten wir uns doch nach einem neuen Chefredakteur umsehen und haben jetzt einen ausgezeichneten Mann gefunden … Seitdem läuft es bei uns wieder hervorragend … Ich war damals öfters in … und habe auch mit unserem Verleger gesprochen … Ich glaube, wir sind jetzt wieder auf dem richtigen Weg …«

Regel

Um das eigene **Image aufzupolieren**, werden alle wichtigen Vorgänge und Ereignisse im Wir-Stil erzählt, so als ob man sie persönlich erlebt hätte. Das verleiht nicht nur ein besseres Image, sondern verstärkt auch den Eindruck der Identität mit der eigenen Firma – in den Augen des Verhandlungspartners.

Lenkungs-Methode – oder: Wie man über den Verhandlungspartner unbewußt Lenkungseinfluß gewinnt

Fall eins: Sie besprechen mit einem Mitarbeiter einen Betriebsunfall, der sich in Ihrem Werk I ereignet hat, diskutieren mit ihm, bilden sich (stillschweigend) Ihre Meinung. Plötzlich sagen Sie zu ihm: »Okay … nehmen Sie mal ein Blatt Papier und einen Bleistift zur Hand und schreiben Sie: 1) … 2) … 3).«

Fall zwei: Sie besprechen mit einem Kunden die Qualität eines neuentwickelten Gummischlauches. Plötzlich geben Sie ihm ein 50 Zentimeter langes Modellstück in die Hand und sagen zu ihm:

»Überzeugen Sie sich selbst ... Ziehen Sie den Schlauch so stark auseinander, wie Sie können ... Machen Sie einen Knoten ...«

Regel

Man »diskutiert« mit dem Verhandlungspartner und »diktiert« diesem – ohne ihn vorher über die eigene Entscheidung konsultiert zu haben – **das Ergebnis des eigenen Nachdenkens** – oder fordert ihn zu bestimmten Handlungen auf.

Dritte-Mann-Methode – oder: Wie man unangenehme Entscheidungen abwälzt

Man bringt dem Verhandlungspartner sein volles Einverständnis entgegen, akzeptiert seine Vorschläge, hält sie für gut und berechtigt ... und will sie auch mit allem Nachdruck unterstützen. Aber leider gibt es da einen (bösen) dritten Mann (Vorgesetzter, Vorstand, Aufsichtsrat), der unser Verhandlungsergebnis glatt ignorieren würde, der uns beiden bestimmt Unannehmlichkeiten bereiten würde, der aber vielleicht zu folgendem ... seine Zustimmung geben könnte.

Regel

Die eigentliche Verantwortung wird auf einen »höheren« Mann geschoben und der Verhandlungspartner in seinem eigenen Interesse aufgefordert, **»realistische« Forderungen** zu stellen.

Haltungs-Methode – oder: Wie man durch Sturheit glaubwürdig wird

William James, einer der bekanntesten amerikanischen Psychologen, sagte einmal: »Handle mutig, und du wirst mutig werden.« Übersetzen wir diesen Leitsatz auf die Verhandlungspraxis, werden wir verstehen, warum die Haltung, die John Rockefeller einmal bei einer Gerichtsverhandlung einnahm, für ihn die einzig »erfolgreiche« Methode war. Rockefeller leugnete alle Vorwürfe mit ebenso großer Sturheit wie Hartnäckigkeit. Man warf ihm vor, seinen Gegnern durch Fracht- und Transportmonopole alle Wettbewerbschancen genommen zu haben:

»Er ... sagte mit der Miene eines Heiligen, daß bestimmte Dinge sich so und so verhielten, ganz genau wissend, daß sie anders lagen. ›Nein, Sir‹, erwiderte er einmal während einer Anhörung durch den Senat des Bundesstaates New York im Jahre 1888 auf eine Frage, ›nein, wir haben keine besseren (Eisenbahn-)Frachten gehabt als unsere Nachbarn, aber wenn ich das sagen darf, wir haben es wiederholt erlebt, daß andere Firmen sich niedrigere Raten verschafft haben als wir.‹«

Rockefeller benutzte hier (instinktiv?) eine Methode, die die »Massenpsychologen« schon längst erforscht haben: Wenn eine Wahrnehmung trotz anscheinend objektiver Unrichtigkeit mit Sturheit und völliger Selbstverständlichkeit penetrant wiederholt wird, dann hält das Volk eine Wiederholung dieser »Lüge« nicht für eine Lüge, sondern ... **schließlich für die Wahrheit!**

Regel

Wichtig ist es, diese »aufreizenden« Wiederholungen im selbstverständlichsten Tonfall zu sagen – ohne in irgendeiner Weise die Stimme zu erheben oder zu verstärken.

Appellations-Methode – oder: Wie man durch einen Appell an die »Größe« des Verhandlungspartners Zugeständnisse erreicht

Oscar Wilde sagte einmal: »Schützt mich vor meinen Freunden, mit meinen Feinden werde ich selber fertig.« – Darin steckt die Erkenntnis: Gegenüber den Anforderungen von Freunden, die unter dem Deckmantel der Freundschaft »fordern«, ist man oft wesentlich wehrloser als gegenüber unverschämten Forderungen schlimmer Feinde. Wer kann schon wirklich widerstehen, wenn man ihn »bittet«, **wenn man an seine Großmut, seine Großherzigkeit, sein Verständnis appelliert.**

Ich verhandle oft mit Referenten, die in der freien Wirtschaft hohe Honorare fordern und erhalten; Honorare, die wir als Veranstalter von Weiterbildungskursen nicht zahlen können. Würde ich nun die »Leistungsgerechtigkeit« dieses Honorars anzweifeln, hätte ich zu dem rein sachlichen Problem (Honorarhöhe) gleich noch ein zweites geschaffen – ein persönliches Problem (Angriff auf sein Selbstbild). Die Verhandlung würde sich zum gordischen Knoten verwickeln.

Wenn ich ihm aber sage, daß ich sein Honorar für die freie Wirtschaft als angemessen ansehe, daß unser Honorar für ihn nur ein »Butterbrot« sein könne, daß er aber damit auch den kleineren und mittleren Betrieben die Chance zur Weiterbildung gebe, hat noch kaum ein Referent sich nicht bereit gezeigt, wenigstens ab und zu für uns ein Seminar zu halten – zu unseren Konditionen.

Regel

Kaum jemand kann diesem Appell an seine Selbstbestätigung, an seine **edlen und gerechten Motive** widerstehen, solange die Anforderungen irgendwie noch vertretbar sind. Auch einer ganz formellen Bitte können nur die wenigsten widerstehen.

IV Verhandlungspsychologie in der Praxis

Die lautlosen Verhandlungsargumente

Wie überzeugt man jemanden? – Natürlich durch gute Argumente, werden Sie sagen. Richtig! Aber ich glaube, wir wissen mittlerweile, daß es nicht auf die logischen, sondern vor allem auf die psycho-logischen Argumente ankommt. Und wir wissen ferner, daß Leonardo da Vinci bereits vor 400 Jahren sagte: »Der Mensch ist ein Augentier.« – Das heißt: Er begreift, erkennt und wird »beeindruckt« vor allem durch das, was er sieht, durch die Augen, durch die Sinne, nicht durch den Verstand. Dieser »Sinnestäuschung« verdanken wir die ruhmreichen Bauten der Vergangenheit. Denn jeder Herrscher, der »in den Augen« seiner Zeitgenossen und Nachfahren als »groß« gelten wollte, baute auch »groß«. Die Pyramiden der ägyptischen Pharaonen unterscheiden sich in dieser Form von Geschichtsmanipulation nicht um ein Jota von dem Prunkbau Versailles und seinen vielen verzweifelten Nachahmungsversuchen.

Selbst Richelieu, einer der mächtigsten, willensstärksten und genialsten Menschen seiner Zeit, wußte, daß der Beweis der Größe viel schneller, leichter und einfacher erbracht wird durch »sichtbare« Größe. »**Macht muß sichtbar in Erscheinung treten**«, pflegte er zu sagen. Denn wie sollten Fremde die Größe und Macht eines Fürsten einschätzen können, wenn nicht an der Pracht der Möbel, dem Luxus der Schlösser – also am äußeren Schein? An Madame Bouges schrieb er am 6. Juni 1610: »Da ich etwas ehrgeizig bin, möchte ich einmal über mehr Mittel verfügen, um wirkungsvoller auftreten zu können ... Immerhin, wenn ich einmal über schöne, silberne Teller verfüge, wird sich meine Stellung dadurch heben.« – Richelieus Stellung und Selbstbewußtsein abhängig von silbernen Tellern? Ein Witz? – Nein, dahinter stecken ganz handfeste Überlegungen:

- Wer seine Macht sichtbar zeigen kann, braucht sie in den meisten Fällen nicht anzuwenden.
- Wer seine Macht sichtbar einsetzen kann, braucht viele Verhandlungspunkte nicht zu erörtern, die man sonst sehr genau nehmen würde.

Die sichtbare Demonstration von Macht vor und während einer Verhandlung dient auch dem Bemühen, dem Verhandlungspartner zu signalisieren, wie man sich selbst bzw. ihn einschätzt: Akzeptiert man sich nicht auf gleicher Ebene, hält man sich für ranghöher oder rangniedriger.

Seit altersher war es das Ziel der Verhandlungspartner, schon bei den äußeren Umständen jeder Verhandlung sich »beeindruckend« in Szene zu setzen. **Mit allen Macht- und Statussymbolen versucht man, sein Gegenüber irgendwie einzuschüchtern,** um mit diesem ersten Bonus der Anerkennung bei den folgenden Verhandlungen freiwillige (und billige) Zugeständnisse zu erhalten.

Wie in der Tierwelt dient diese bewußte Zurschaustellung der Macht einzig und allein dazu, den Gegner von einem Kampf (um das Revier etc.) abzuhalten und zu einem freiwilligen Verzicht zu bewegen. Je deutlicher die Macht und Kraft dem anderen zu Bewußtsein gebracht wird, um so weniger muß sie auch wirklich angewendet werden.

Als Elvis Presley zum erstenmal zum Dienst in der Kaserne antrat und sein Gewehr vorzeigte, erstarrte der Feldwebel angesichts des Diamanten, den Elvis am Finger trug. »Mit einem Millionär will ich mich nicht anlegen«, gestand der Feldwebel, und Elvis hatte künftig einen »Diamanten« bei ihm im Brett.

Auch ein so selbstbewußter Mann wie der amerikanische Präsident Jimmy Carter verzichtete nicht auf solche »Nebensächlichkeiten«. Vor mir liegt ein Bild vom ersten Treffen Präsident Carters mit dem russischen Botschafter Dobrynin. Sie sitzen in sehr verschiedenen Sesseln. Von Carter weiß man, daß er nicht der größte ist, also sitzt er in einem Sessel mit kerzengerader Lehne. Dobrynin, der »Größere«, wurde in einen Sessel komplimentiert, der schon mehr einer Liege gleicht, so flach ist die Lehne. Das Ergebnis: Durch diese verschiedenen Sessel konnte Carter, obwohl der Kleinere, auf seinen Verhandlungspartner »herabschauen«.

Wie ausgeprägt der Wunsch ist, dem Verhandlungspartner überlegen, **zumindest aber ebenbürtig** zu sein, demonstrierten die Nordvietnamesen bei der Vietnam-Konferenz in Paris. Als die beiden Delegationen – die amerikanische und die vietnamesische – das erste Mal am Verhandlungstisch zusammentrafen, stellten die Vietnamesen bestürzt fest, daß sie von den Amerikanern um Haupteslänge überragt wurden. Ein Schreiner löste das Problem. Als die Amerikaner nach dem Mittagessen wieder ihre Plätze einnahmen, waren ihnen die Vietnamesen ebenbürtig. Sie hatten in der Zwischenzeit die Stuhlbeine der amerikanischen Stühle absägen lassen.

Schwierigkeiten hatte man seinerzeit auch auf dem Wiener Kongreß mit der Ebenbürtigkeit der Verhandlungspartner. Als es Talleyrand geschafft hatte, als fünfte Großmacht anerkannt zu werden, tauchte ein neues Problem auf: Es gab in dem Konferenzzimmer nur vier Türen. Welche Delegation sollte als zweite einmarschieren? – Keine. Man brach eine fünfte Türe in den Raum.

Damit Sie aber nicht glauben, daß solche »Spielereien« um die Macht und die Ebenbürtigkeit von Verhandlungspartnern nur in der hohen Diplomatie zu Hause sind, bringe ich Ihnen hier zwei Beispiele aus dem Alltag.

Ein Kollege von mir besuchte eines Tages eine kleine Firma im bayerischen Wald. Die Verhandlung wurde im Zimmer des Chefs geführt. Mit einer einladenden Handbewegung forderte dieser meinen Kollegen auf, Platz zu nehmen. Doch der einzige freie Stuhl, der im Raum war, stand ungefähr vier Meter vom Schreibtisch entfernt – direkt an der Wand. Als mein Kollege ihn näherrücken wollte, bemerkte er zu seiner Verwunderung, daß das nicht ging. Der Stuhl war fest an die Wand genagelt! Es bestand keine Möglichkeit, dem Mann »näherzukommen«. Was die Könige nur durch ein ausgeklügeltes Zeremoniell geschafft hatten, nämlich Abstand zu wahren, hatte dieser Mann mit ein paar Nägeln geschafft!

Beispiel zwei: Von einem etwa 1,90 Meter großen, sehr stattlich aussehenden Verkaufsdirektor weiß ich, daß er im Gespräch mit kleineren Kunden so schnell wie möglich versucht, sich hinzusetzen, um durch seine natürliche »Größe« und sein »Herabschauen« keine **Neid- und Antipathiegefühle** beim Kunden aufkommen zu lassen – um ihn als ebenbürtig erscheinen zu lassen.

Regel

Versuchen Sie alles, um Ihrem Verhandlungspartner ebenbürtig zu erscheinen. Denn nur wer akzeptiert wird, erhält auch auf die Dauer akzeptable Verhandlungsvorschläge.

Eigenes und fremdes Verhalten am Verhandlungstisch

Eine Eigenschaft zeichnet alle großen Verhandlungskünstler aus: die Fähigkeit, je nach Situation den richtigen Verhandlungston anzuschlagen – vom sanften, charmanten Geplauder bis zur schneidend scharfen Kommandostimme. Ihre Verhandlungsskala ist wesentlich breiter, feiner und differenzierter als gewöhnlich, und sie wissen diese rattenfängerischen Mittel mit derselben Sicherheit richtig einzusetzen wie der Organist seine Register. Diese Fähigkeit – über weit mehr als eine Oktave von Verhandlungstönen zu verfügen und sie situationsgerecht anzuwenden – verleiht ihnen diese suggestive, »allerschrecklichste« Überredungsgewalt.

In ihrer Biografie über Konrad Adenauer schrieb seine langjährige Mitarbeiterin Anneliese Poppinga über die Verhandlungsmethoden des ersten Bundeskanzlers:

»Er beherrschte viele Methoden. Auf behutsam ironisierende Weise, aber nie mit pharisäerhafter Süffisance, brachte er manchen dahin, wohin er ihn haben wollte. Andere beschwor er mit tiefem Ernst, zeichnete die Gefährlichkeit der Situation mit eindrucksvollen Worten und Warnungen. Mit seinem leidenschaftlichen Engagement untermauerte er seine Argumente, riß seine Partner mit oder verschüchterte manch einen Gegner.

Wenn es sein mußte, führte er eine sehr direkte, harte Sprache, manches Mal gewiß an der Grenze der Beleidigung, alles je nach Person und Situation. Er scheute auch nicht vor Bloßstellungen zurück, wenn es anders nicht klappen wollte; doch meistens begnügte er sich damit, seine Widersacher der Lächerlichkeit preiszugeben, aber das ist ja wohl dasselbe. Jedoch immer gemischt mit Humor. **Humor verbunden mit der Schärfe der Attacke**, blitzschnell eine Wendung im Gespräch nutzend.«

Über seine erste Verhandlungsrunde 1955 mit Chruschtschow in Moskau sagte Adenauer:

»Ich dachte: So klug wie der bin ich auch. Ein gewiefter Mann, zweifellos. Klug, schlau, und sehr geschickt. Dabei grob, recht zwanglos, muß ich sagen. Der Mann hatte derbe Manieren, da darf man nicht kneifen, da muß man mit gleicher Münze zurückzahlen … Er schlug mit der Faust auf den Tisch, aber das war halb so wild. Ich habe auch meine Faust gezeigt, das verstand er.«

Ebenso perfekt beherrschte Richelieu bei Verhandlungen diese Kunst der Verführung. In einer Biografie über ihn heißt es: »Eminentissime kann terrorisieren, blitzen und donnern. Seine Milde ist nicht weniger wirksam … Verführend und bezaubernd, geschmeidig und schmeichelnd, goldene Zunge, seidene Worte, Augen wie Samt, die Miene beweglich – das alles genügt, aus ihm den unvergleichlichen Verführer zu machen …«

Prüfen Sie einmal Ihre eigene Verhandlungsskala

Wie weit sind Sie fähig, aus sich herauszugehen, Gefühle zu zeigen und anzusprechen, zu donnern und zu blitzen und im nächsten Augenblick zu schmeicheln und zu bezaubern? – Oder kennen Sie nur zwei Verhandlungstöne: ärgerlich und mißmutig zu werden, wenn etwas schiefgelaufen ist, und eine freundliche Miene aufzusetzen, wenn Sie gerade gut gelaunt sind?

Bevor Sie die folgenden Fragen als »Schauspielerei«, »Kasperltheater« oder »schlichten Unsinn« leichtfertig abtun, denken Sie bitte einen Augenblick darüber nach:

- Warum verzichten selbst so große Staatsmänner wie Richelieu und Adenauer – trotz ihrer großen Macht – nicht auf solche persönlichen **Verhandlungs- und Verführungskünste**?

Und denken Sie bitte auch über folgende psychologischen Erkenntnisse nach:

- **Wer keine Gefühle zeigen kann**, kann auch beim anderen keine entfachen.
- **Wer nicht aus sich herausgeht**, dessen Botschaft wird beim anderen auch nicht »hineingehen« (Tiefenwirkung erzielen).

Zwei Eigenschaften brauchen Sie für diese Art von Verhandlungskunst: SELBSTVERTRAUEN und MUT.

	ja	nein
1. Haben Sie schon einmal bei einer Verhandlung mit kalt berechneter Wut vor den Augen Ihres Verhandlungspartners den Vertragsentwurf zerrissen?	❑	❑
2. Haben Sie schon einmal bei einer Verhandlung Ihre Armbanduhr vor sich hingelegt und gesagt: »Sie haben jetzt noch genau 5 Minuten Zeit, wenn Sie bis dahin nicht …, ist die Sache für mich gestorben.«	❑	❑
3. Haben Sie schon einmal vor dem Verhandlungspartner Ihre Sachen eingepackt, sind aufgestanden und zur Türe gegangen – haben also ganz massiv mit dem Abbruch gedroht?	❑	❑
4. Haben Sie schon einmal einen Verhandlungspartner durch grobe Argumente und persönliche Angriffe, durch beißenden Spott und finstere Vorwürfe eingeschüchtert?	❑	❑
5. Haben Sie schon einmal einen Verhandlungspartner bewußt (d.h. völlig kontrolliert) angebrüllt, die Fäuste auf den Tisch geschlagen?	❑	❑
6. Haben Sie schon einmal vor einem Verhandlungspartner geweint oder (wenigstens) Tränen in den Augen gehabt, ihn angebettelt, angefleht?	❑	❑
7. Haben Sie schon einmal vor Ihrem Verhandlungspartner mit tiefstem, salbungsvollem Ernst die dramatische und äußerst schwierige Situation, dazu die allerschrecklichsten Gefahren ausgemalt?	❑	❑

		ja	nein
8.	Haben Sie schon einmal auf eine Beleidigung und grobe Antwort des Verhandlungspartners bewußt geschwiegen und Augenkontakt gehalten (fast bis zur Unerträglichkeit)?	❑	❑
9.	Haben Sie schon einmal mit Charme, Liebenswürdigkeit und Schmeichelei Ihren Verhandlungspartner einzufangen versucht?	❑	❑
10.	Haben Sie bei einer Diskussion schon einmal mehr als drei Stunden gewartet, bis Sie den richtigen Augenblick für Ihre Argumente gekommen hielten?	❑	❑

Wenn Sie weniger als fünfmal mit Ja geantwortet haben, überlegen Sie bitte: WARUM haben Sie bisher nie versucht, Ihren Verhandlungspartner auch gefühlsmäßig zu beeinflussen? Ist es Ihnen bisher gar nicht aufgefallen, daß Sie diese emotionale Seite völlig vernachlässigt haben, oder was ist es sonst? Denken Sie daran:

- **Wer nur über und zur Sache sprechen kann**, bleibt auf immer ein Sachverständiger. Nur wer auch zu Menschen sprechen kann, wird bald über der Sache stehen.

Beurteilung des Verhandlungspartners

Tagtäglich werden Sie auf Verhandlungspartner treffen, die sportlich gebräunt sind, jugendlich aussehen, schmuck gekleidet sind, ein elegantes Köfferchen mit sich tragen, einen schnellen Wagen fahren, über untadelige Manieren verfügen, zuvorkommend plaudern können und über all die Merkmale eines »dynamischen« Auftretens verfügen, die heute gefragt sind. – Doch denken Sie daran: **Ein gerechtes Persönlichkeitsbild gibt es nur »ohne Ansehen« der Person** – also durch gezielte Beobachtungen und Nachweise.

Für Sie sind folgende persönliche Eigenschaften des Verhandlungspartners wichtig: seine Glaubwürdigkeit, seine Zuverlässigkeit, seine Sachkenntnis, seine Kooperationsbereitschaft.

Wenn Sie z.B. mit einem Verkäufer verhandeln, wollen Sie wissen:

- ob man ihm glauben kann, was er über sein Produkt sagt (**Glaubwürdigkeit**)
- ob er fundiert über das Produkt Bescheid weiß bzw. das, was er sagt, auch in der Realität beurteilen kann (**Sachkenntnis**)
- ob er seine Absprachen (auch ohne Vertrag) einhält (**Zuverlässigkeit**)
- ob er sich auch für Ihre Probleme interessiert und einsetzen wird (**Kooperationsbereitschaft**).

Kriterien für die Beurteilung des Verhandlungspartners

Glaubwürdigkeit

- Verwendet er präzise Eigenschaftswörter (»DIN-geprüft«) oder nichtssagende Superlative (»ausgezeichnet, hervorragend ...«)?
- Rät er auch freiwillig vom Kauf bestimmter Produkte seiner Firma ab, weil sie für Ihren Fall nicht geeignet sind?
- Nennt er ohne zu zögern Referenzen und Beweise für seine Produktbehauptungen?
- Spricht er offen und klar über **Garantieleistungen, Schadensquoten, Kündigungsmöglichkeiten?**

- Sind seine Körperbewegungen ruhig, sicher, kontrolliert, sind Sprache und Gestik (bei der Präsentation) beherrscht?

Zuverlässigkeit

- Hielt er alle bisherigen Absprachen (Besuchszeit, Prospekt- und Angebotssendung) wie vereinbart ein?
- Stimmt seine Telefon-Offerte mit der wirklichen Offerte überein?
- Notiert er Ihre (Sonder-)Wünsche, nimmt er Kleinigkeiten ernst?
- Ist er mit Zusagen **vorsichtig** oder **großzügig**?
- Spricht er ruhig und gelassen, eher bedächtig als hastig, überlegt.er beim Sprechen, oder ist er »programmiert«?

Sachkenntnis

- Ist er bereit und fähig, sofort auf **Detailprobleme** einzugehen?
- Kann er Referenzen, Empfehlungen oder Beweise für ähnliche Problemlösungen vorweisen?
- Hat er Erfahrung in der Branche, auf diesem Gebiet?
- Macht er praktische, handfeste Aussagen, oder »theoretisiert« er?
- Macht er klare und direkte Aussagen (Voraussetzungen, Anwendungsmöglichkeiten, Konsequenzen), oder spricht er unverbindlich?

Kooperationsbereitschaft

- Spricht er im »Ich-Stil« (ich meine, ich glaube, ich sehe …) statt im »Sie-Stil« (Sehen Sie bitte … Was meinen Sie dazu …)?

- Monologisiert er nur, oder fragt er zuerst nach Ihren Problemen und macht dann erst sein Angebot?
- Nimmt er Ihre **Einwände und Gegenargumente** ernst, oder spielt er sie herab und versucht, sich daran vorbeizumogeln?
- Spult er nur sein »Liefer-Programm« herunter, oder bemüht er sich auch um nicht alltägliche Problemlösungen?

Test

15 Fragen und Antworten zur Verhandlungspsychologie

Alle Fragen, die hier aufgeführt sind, wurden in psychologischen Testverfahren überprüft. Versuchen Sie, die einzelnen Fragen nicht nur mit Ja oder Nein zu beantworten, sondern sich auch kurz zu überlegen, worauf Sie Ihre Meinung begründen. Die Einzelantworten und eine Zusammenfassung finden Sie am Schluß dieses Kapitels – zur besseren Übersicht und Wiederholung. – Überprüfen Sie mit den folgenden Fragen Ihre Kenntnisse der Verhandlungspsychologie.

	ja	nein
1. Glauben Sie, daß die **Sprechgeschwindigkeit** eines Redners (die Anzahl der Wörter pro Minute) einen Einfluß darauf hat, ob er von den Zuhörern als »intelligent« oder »sympathisch« beurteilt wird?	❑	❑
2. Glauben Sie, daß die **Sprechdauer und Sprechhäufigkeit** des einzelnen Redners von den Zuhörern als Führungsmerkmal beurteilt wird?	❑	❑

	ja	nein
3. Glauben Sie, daß der **Bart** eines Redners irgendeinen Einfluß auf die persönliche Beurteilung durch die Zuhörer hat?	❑	❑
4. Glauben Sie, daß allein das «**gute Aussehen**» einer Person die Meinung über ihre Intelligenz- und Charaktereigenschaften beeinflußt?	❑	❑
5. Glauben Sie, daß die **momentane Stimmung** eines Menschen einen bestimmenden Einfluß darauf hat, ob er einen (ihm bisher unbekannten) Verhandlungspartner als sympathisch oder unsympathischbeurteilt?	❑	❑
6. Glauben Sie, daß Personen, deren Einwände und Argumente in einer Besprechung **ignoriert bzw. nicht berücksichtigt** werden, zornig reagieren?	❑	❑
7. Glauben Sie, daß ein **enger Raum mit vielen Menschen** bei den Beteiligten in jedem Fall Streß-Reaktionen auslöst – also das klare Denken und Problemlösen beeinträchtigt?	❑	❑
8. Glauben Sie, daß ein Verhandlungspartner, der sich relativ leicht zu einer **Meinungsänderung** bewegen läßt, von den anderen Verhandlungspartnern als intelligent angesehen wird?	❑	❑
9. Glauben Sie, daß eine kleine Gruppe bereit ist, ihre **Meinung zu ändern**, wenn sie mit der Meinung einer größeren Bezugsgruppe konfrontiert wird?	❑	❑
10. Glauben Sie, daß ein Verhandlungspartner, der Ihnen einmal geholfen hat, auch weiterhin hilfsbereit sein wird?	❑	❑

		ja	nein
11.	Glauben Sie, daß man einen Verhandlungspartner positiv motivieren kann, wenn man zuerst sein **Selbstbild (= das Bild, das er von sich hat) angreift?**	❑	❑
12.	Glauben Sie, daß der einzelne in der Gruppe **extremer entscheidet** als allein?	❑	❑
13.	Glauben Sie, daß **Ihre Körperhaltung** bei Verhandlungen einen Einfluß auf die eventuelle Bereitschaft des Verhandlungspartners zur Meinungsänderung hat?	❑	❑
14.	Glauben Sie, daß zwei Verhandlungspartner durch die **stereotype Wiederholung** ihrer Ansichten die Meinung einer ganzen Gruppe ins Wanken bringen können?	❑	❑
15.	Glauben Sie, daß Menschen bereits durch kleinste – teilweise völlig belanglose – Unterscheidungen zu **rivalisierenden Gruppen** gemacht werden können?	❑	❑

Die richtigen Antworten

Frage	ja	nein
1	X	
2	X	
3	X	
4	X	
5	X	

Frage	ja	nein
6		X
7		X
8		X
9	X	
10	X	

Frage	ja	nein
11	X	
12	X	
13	X	
14	X	
15	X	

Test – Antworten

Verhandlungspsychologie

---

1. Sprechgeschwindigkeit beschleunigt die Überzeugungskraft

Man unterscheidet drei Sprechgeschwindigkeiten: 110 Wörter pro Minute (sehr langsam), 140 (mittel), 190 (sehr schnell).

Testergebnis 1 Schnelle Redner werden von den Zuhörern als intelligenter, informierter, objektiver, kurz: »kompetenter« eingestuft als langsame Redner, selbst wenn der Redetext ganz genau derselbe war.

Testergebnis 2 Langsameren Rednern wird eine größere Ausstrahlung »menschlicher Wärme« bestätigt.

Praktischer Tip Beginnen Sie Ihre Rede ruhig und langsam. Üben Sie jedoch, bestimmte (wichtige) Textstellen frei, mit offenem Blickkontakt und sehr hoher Sprechgeschwindigkeit vorzutragen.

---

2. Wer führen will, muß pausenlos reden können

Testergebnis »Vielredner« und »Dauerredner« werden als bessere Führer eingestuft – selbst wenn ihre Beiträge zur Lösung der Gruppenprobleme klar schwächer sind als die der »schweigsameren« Gruppenmitglieder.

Die Quantität des Gesprochenen wird anscheinend als Gradmesser des persönlichen Engagements angesehen. Schweigen wirkt somit unpersönlicher, distanzierter.

Praktischer Tip Wenn Sie führen wollen, lassen Sie keinen Punkt der Tagesordnung aus ... Und wenn Sie die Rede Ihres Vorredners wiederholen – mit anderen Worten. Aber reden Sie.

3. Bei den meisten Verhandlungspartnern ist der »Bart« ab, wenn er bei Ihnen dran ist!

Ein Dozent hielt die gleiche Vorlesung ein Semester lang mit Bart und ein Semester lang ohne Bart ab.

Testergebnis	Mit Bart wurde ein Dozent von den Studenten weniger zielstrebig, weniger freundlich, weniger energisch, weniger konzentriert, weniger genau und intelligent eingeschätzt. Nur hinsichtlich der Sympathie gab es keine Unterschiede. Einziger Bartvorteil: Der Bartträger wurde »progressiver« eingeschätzt.
Praktischer Tip	Im allgemeinen Geschäftsleben: Bart ab!

4. Gerechtigkeit gibt es nur »ohne Ansehen« der Person!

Testergebnis 1	Gut aussehende Menschen werden in der Regel (allein nach einem Foto) für empfindsamer, herzlicher, interessanter, stärker, gelassener, bescheidener, kontaktfreudiger beurteilt als weniger gut aussehende.
Testergebnis 2	Innerhalb der »Beurteilungsgruppe« (also von Angesicht zu Angesicht) wurden die Diskussionsteilnehmer mit gleichlautenden Ansichten als »hübscher« eingestuft.
Praktischer Tip	Eine realistische Personenbeurteilung kann nur aufgrund von Tatsachen und längerfristigen Beobachtungen erfolgen. Das Aussehen »lenkt« zu sehr ab.

5. Es kommt auf die Sekunde an (nicht nur bei einer schönen Frau)!

Testergebnis	Personen, die man das erste Mal in einer (für sich selbst) sehr angenehmen Situation trifft, beurteilt man wesentlich sympathischer, als

	wenn man sie in einer unangenehmen Situation kennengelernt hätte.
Praktischer Tip	Vermeiden Sie es, Hiobsbotschaften zu überbringen. Die unangenehme Gefühlsreaktion wird leicht auf den Überbringer übertragen.

---

6. Wer die kalte Schulter gezeigt bekommt, bekommt die »kalte« Wut!

Testergebnis	Wer im Gespräch oder in einer Diskussion geschnitten oder ignoriert wird, kommt sich 1. einsam, isoliert, schüchtern und langweilig vor, 2. reagiert er nicht mit offenem Zorn, sondern mit abfälliger Kritik, und 3. handelt er bei nächster Gelegenheit egoistischer.
Praktischer Tip	Übersehen Sie in Verhandlungen nicht die Leute im zweiten und dritten Glied. Richten Sie an alle wenigstens ein paar Worte. Geben Sie jedem die Chance, seine Meinung zu sagen.

---

7. Was ich weiß, macht mich nicht heiß

Testergebnis	Viele Menschen in einem engen Raum führen relativ schnell zu Streßreaktionen, die ein klaren Denken und Problemlösen beeinträchtigen. Jedoch – es genügt bereits, die Teilnehmer vorher darüber zu informieren, um solchen Denkblockaden vorzubeugen.
Praktischer Tip	Gehen Sie vorher schon in Gedanken alle möglichen unangenehmen Verhandlungssituationen durch, und versuchen Sie, sich gedanklich auf sie einzustellen – auf einen engen Raum, auf schlechte Luft, auf Zigarettenqualm, auf Nachtsitzungen, stundenlanges Reden und Zuhören.

---

8. *Wer meine Meinung teilt, ist intelligent*

Testergebnis Personen, denen es relativ leicht gelingt, ihren Verhandlungspartner zu einer Meinungsäußerung zu bewegen, halten diesen für »intelligent«. Die anderen Verhandlungspartner schätzen denjenigen, der sich leicht überreden läßt, als nicht »besonders intelligent« ein.

Praktischer Tip In einer Zweierverhandlung ist es ab und zu recht gut, sich schnell »bekehren« zu lassen. In einer größeren Verhandlungsrunde sollten Sie sich nur sehr zäh und in Form von Kompromissen und Zugeständnissen »überreden« lassen, um vor den anderen Verhandlungspartnern nicht das Gesicht zu verlieren.

9. *Die größere Meinung schlägt die »kleinere« Meinung*

Testergebnis Um die Meinung einer Gruppe zu verändern, genügt es, sie mit der Meinung einer größeren Bezugsgruppe zu konfrontieren – sei es durch Zeitungsmeldungen oder Computerausdrucke.

Praktischer Tip Wenn Sie kleinere Gruppen überreden wollen, dann suchen Sie nach Meinungen einer größeren Bezugsgruppe (z.B. alle Sekretärinnen, alle Einkäufer) zu diesem Thema, und legen Sie sie der kleineren Gruppe vor.

10. *Wer einmal hilft, hilft auch ein zweites Mal*

Testergebnis Grundsätzlich sind die Leute, die schon einmal zu Kompromissen und Hilfestellungen bereit waren, auch beim zweiten Mal dazu bereit – zumindest weit eher als solche, die bereits beim erstenmal abgelehnt haben.

Praktischer Tip Man wird am besten mit dem verhandeln, mit dem man schon einmal gut verhandelt hat. Die grundsätzliche Bereitschaft zum Kompromiß oder zu Hilfeleistungen zeigt sich in den meisten Fällen bereits beim ersten Mal.

---

11. He, ihr Ausbeuter, fünf Prozent Rabatt bitte!

Testergebnis Wer sich für einen guten Menschen hält und dies auch gelegentlich bestätigt bekommt, der fühlt sich nicht genötigt, dies auch dauernd durch sein Verhalten zu beweisen.

Wer aber beschimpft oder verdächtigt wird, versucht, sein eigenes positives Selbstbild wiederherzustellen, indem er bei nächster Gelegenheit beweist, daß man ihm Unrecht getan hat und er doch ein »guter Kerl« ist.

Praktischer Tip Beschimpfen Sie nicht direkt Ihren Verhandlungspartner, sondern eine größere Bezugsgruppe (die Branche, die Großfirmen): »Ihr aus der Ölbranche habt doch nur den nackten Profit im Auge ...!«

---

12. Einigkeit macht stark und extrem!

Testergebnis In der Gruppe neigt der einzelne zu extremeren Entscheidungen, als wenn er alleinverantwortlich entscheiden muß.

Praktischer Tip Wenn Sie Risikoentscheidungen treffen wollen, motivieren Sie dazu vor einer Gruppe. Wenn Sie Verantwortung, Hilfsbereitschaft und Ehrlichkeit ansprechen wollen, sprechen Sie mit jedem einzelnen.

---

13. Konfrontationshaltung schafft Konfrontation

Testergebnis Eine »geschlossene« Körperhaltung (verschränkte Arme und Beine, abweisender Blick, zusammengepreßte Hände, vorgebeugter

Oberkörper, hartes Gesicht) ruft bei Ihrem Verhandlungspartner eine weitaus geringere Bereitschaft hervor, seine Meinung zu ändern, als eine offene Körperhaltung.

Praktischer Tip Wollen Sie den anderen zu einer Meinungsänderung bewegen, zeigen Sie eine offene Körperhaltung: Lehnen Sie sich zurück, geben Sie sich entspannt, halten Sie Ihre Handflächen offen, verzichten Sie auf erhobene Zeigefinger, zeigen Sie eine entspannte Mimik.

---

14. Steter Tropfen höhlt den Stein

Testergebnis Zwei scheinbar neutrale Beobachter haben eine ganze Gruppe dazu gebracht, Stäbchen, die 30 cm lang waren und in einem Bild gezeigt wurden, hernach auf 10 cm (!) einzuschätzen.

Praktischer Tip Wenn Sie überzeugen wollen, wiederholen Sie immer wieder mit gleichen Worten, was nach Ihrer Meinung die einzig richtige Lösung ist. Es ist die altbekannte Wiederholungstechnik.

---

15. Divide et impera (Teile und herrsche)!

Testergebnis Allein die willkürliche Einteilung von Menschen in »Klee-Liebhaber« und in »Kandinsky-Liebhaber« schuf trotz aller sonst bestehenden Differenzen deutliche Sympathien für die Mitglieder der eigenen Gruppe und neutrale bzw. Antipathiegefühle gegenüber den Mitgliedern der anderen Gruppe.

Praktischer Tip Behalten Sie sich die Schiedsrichterrolle vor, indem Sie die Diskussionsrunde nach relativ willkürlichen Merkmalen in zwei Gruppen einteilen und zwei verschiedene Alternativvorschläge ausarbeiten lassen.

Kurz zusammengefaßt, was Sie beim Verhandeln wissen sollten

1. Wenn Sie überzeugen wollen, müssen Sie möglichst **schnell** sprechen!
2. Wenn Sie Vertrauen gewinnen wollen, sollten Sie anfangs **langsamer** sprechen!
3. Wenn Sie führen wollen, müssen Sie **viel** sprechen!
4. Wenn Sie **zielstrebig** und **intelligent** wirken wollen, verzichten Sie auf den *Bart*!
5. Wenn Sie **interessanter** und **erfolgreicher** wirken wollen, tun Sie etwas für Ihr *Äußeres*!
6. Wenn Sie auf jemanden beim erstenmal **sympathisch** wirken wollen, nützen Sie einen günstigen, für den anderen angenehmen *Augenblick*!
7. Wenn Sie keine heimlichen Feinde wollen, **ignorieren Sie niemanden,** auch nicht die Verhandlungspartner im zweiten und dritten Glied!
8. Wenn Sie von **unangenehmen Verhandlungssituationen** unberührt bleiben wollen, gehen Sie sie zuvor in Gedanken durch!
9. Wenn Sie von einem Verhandlungspartner für »intelligent« gehalten werden wollen, lassen Sie sich *schnell* **»bekehren«**! Wenn Sie von den anderen Verhandlungspartnern für intelligent gehalten werden wollen, dann lassen Sie sich nur *langsam*, wenn überhaupt, zu einer Meinungsänderung bewegen!
10. Wenn Sie die Meinung einer kleinen Gruppe ändern wollen, halten Sie ihr die Meinung einer **größeren Bezugsgruppe** vor!

11. Wenn Sie von jemandem etwas wollen (**Kompromiß, Hilfeleistung**), dann wenden Sie sich an den, der Ihnen *schon einmal geholfen* hat!

12. Wenn Sie von jemandem etwas wollen, verunsichern Sie ihn (sein Selbstbild) durch globale **Verdächtigungen** seiner Bezugsgruppe!

13. Wenn Sie mehr **Risikofreudigkeit** wollen, sprechen Sie die Leute in der Gruppe an! Wenn Sie mehr **Verantwortungsbewußtsein** brauchen, jeden einzelnen!

14. Wenn Sie den Verhandlungspartner zu einer Meinungsänderung bewegen wollen, zeigen Sie eine **offene Körperhaltung**!

15. Wenn Sie eine Gruppe zu Ihrer Ansicht bekehren wollen, **wiederholen** Sie mit einem Partner felsenfest und stereotyp Ihre Wahrnehmungen und Auffassungen!

16. Wenn Sie sich die **Schiedsrichterrolle** vorbehalten wollen, teilen Sie eine Gruppe nach zufälligen Merkmalen in zwei Gruppen auf, und lassen Sie die Alternativlösungen ausarbeiten!

V Methoden der Dialektik

Wie wehrt man sich gegen Behauptungen, Feststellungen und Ausrufesätze? Zum Beispiel gegen die Behauptung: »Nur eine staatliche Investitionskontrolle kann heute noch die Investitionen sinnvoll koordinieren!«

Abwehrmethoden

- **Beweis verlangen**
  Können Sie diese Behauptung auch beweisen?
- **Begriffsdefinition verlangen**
  Was verstehen Sie eigentlich unter »staatlicher Investitionskontrolle«?
- **Beispiele verlangen**
  Können Sie mir dafür ein erfolgreiches Beispiel nennen?
- **Beispiele, Zahlen, Statistiken, Autoritäten anzweifeln**
  Woher haben Sie ...? Wie alt sind ...? Wer ist der ...?
- **Einzelfall verallgemeinern**
  Gilt das für alle Länder, für hochindustrialisierte ebenso wie für Entwicklungsländer?
- **Verallgemeinerung auf den Einzelfall überprüfen**
  Gilt das auch für die Bundesrepublik Deutschland?
- **Als Theorie oder Ideologie abqualifizieren**
  Das ist doch reine Theorie/Ideologie ... Wie soll das denn in der Praxis aussehen?
- **Bedingte Zustimmung**
  Selbst wenn es so wäre ..., wer soll denn dann wirklich entscheiden?

- **Vorwurf des Alles oder Nichts**
  Meinen Sie nicht, daß Sie damit wieder einmal das Kind mit dem Bade ausschütten?

- **Beweisführung durch Syllogismus**

1. Obersatz:	Kein Ostblockland hat bisher unseren Lebensstandard erreicht
2. Obersatz:	Jedes Ostblockland weist ein System strenger Investitionskontrollen auf
These:	Die Investitionskontrolle ist kein Garant für einen hohen Lebensstandard

- **Abwehr durch Übertreibung**
  Richtig! Nur Investitionskontrollen können uns das Paradies – das sozialistische – sichern!

- **Persönlicher Angriff**
  Sie haben wohl schon eine Position als Investitionskontrolleur sicher?

- **Moralischer Angriff**
  Heute wollen Sie nur die Investitionen kontrollieren, und morgen wollen Sie dann die Investitionen von gestern verstaatlichen ... Das ist doch Falschmünzerei, was Sie betreiben!

- **Hintermänner angreifen**
  Investitionskontrollen sind euer letzter Strohhalm, weil eure Genossen in Bonn mit den wirklichen Problemen nicht fertig werden!

- **Ablenkung durch Angriff auf den wunden Punkt**
  Sie sollten nicht mit utopischen Zukunftsvisionen ablenken, sondern sagen, was Sie heute zu tun gedenken – gegen die Arbeitslosigkeit!

Contra-Abwehrmethoden

Angriff und Abwehr lassen sich nicht eindeutig trennen. Jede »Rückfrage« ist auch schon ein Angriff. In vielen Fällen kann der Angreifer mit Erfolg die Methode des Vorredners übernehmen. Vor allem dann, wenn es in einer Situation auf reine Rechthaberei, auf Resonanz beim Publikum ankommt. Dann gehören zu den Abwehr- und Angriffswaffen auch der **Mut**, die **Selbstsicherheit** und die **Kühnheit**, mit der selbst Allerweltsweisheiten als der Weisheit letzter Schluß »verkauft« werden. Hier die möglichen Repliken auf die o.g. Antworten des Angreifers:

- **... Behauptung auch beweisen?**
  Den Beweis liefert ihr kapitalistisches Wirtschaftssystem mit über einer Million Arbeitslosen selbst!
- **Was verstehen Sie unter »staatlicher Investitionskontrolle«?**
  ... das Gegenteil Ihrer Investitionsmethoden: Sie suchen nach dem größtmöglichen Profit für den einzelnen, wir für die ganze Gemeinschaft!
- **Nennen Sie Beispiele!**
  Beispiele hinken immer ... Man kann China nicht mit der Bundesrepublik vergleichen.
- **Woher haben Sie denn Ihre Zahlen?**
  Ganz bestimmt nicht vom Bund deutscher Unternehmer!
- **Gilt das für alle Länder?**
  Wenn sie dafür reif sind – ja!
- **Gilt das auch für die Bundesrepublik?**
  Wieso nicht?
- **Das ist doch alles Theorie!**
  Sind eine Million Arbeitslose auch nur Theorie? Wir können nicht einfach die Hände in den Schoß legen! Wir müssen etwas tun!

- **Wer soll denn dann entscheiden?**
  Qualifizierte Fachleute ... keine Spekulanten!
- **Schütten Sie da nicht das Kind mit dem Bade aus?**
  Sie tun das ja, indem Sie jede neue Idee in Bausch und Bogen verteufeln!
- **Investitionskontrollen sind kein Garant für einen hohen Lebensstandard**
  ... Aber vielleicht für etwas weniger Spekulantentum und etwas mehr Gemeinschaftssinn!
- **Nur Investitionskontrollen sichern uns das Paradies**
  ... Das haben Sie gesagt, nicht ich!
- **Sie haben wohl schon eine Position?**
  Wieso ...? Wollen Sie sich auch bewerben?
- **Sie betreiben Falschmünzerei!**
  ... die Sie bereits seit Jahren betreiben!
- **Bonn ist schuld**
  Richtig, die müssen jetzt die Suppe auslöffeln, die Sie ihnen jahrzehntelang eingebrockt haben!
- **Keine Zukunftsvisionen, was wollen Sie konkret gegen die Arbeitslosigkeit tun?**
  ... Das, was Ihnen so schwerfällt, nämlich mit neuen Ideen zu kommen. Konservative sind nun mal Leute, die jede Idee akzeptieren, es sei denn, sie ist nicht zufällig neu!

Sie sehen schon an diesen einfachen Beispielen: Die Methoden der Dialektik sind unerschöpflich. Es gibt keine hundertprozentigen Angriffs- und Abwehrwaffen. Viele dieser Methoden leben von der Vorbereitung, der Schlagfertigkeit, der Konzentration und der Fähigkeit, genau zuzuhören. – Doch ohne gründliche Vorbereitung wird man mit diesen »Stichel-Techniken« einem gewieften Mann nicht lange Paroli bieten können. Auch für die gekonnte Dialektik gilt: 1% Inspiration, 99% Transpiration!

Angriffs- und Abwehrmethoden

- **Suggestivfragen formulieren**
  Kommt es beim Kauf eines neuen Wagens nicht zu allererst auf Qualität an?

- **Aussage verdoppeln**
  Ich sage es mit allem Ernst und Nachdruck: Es gibt bei uns nichts, aber auch gar nichts zu zweifeln oder in Zweifel zu ziehen!

- **Negative Aussage mit positiver verbinden**
  Das war kein Urlaub mit 14 Tagen Regenwetter und einem Sonnentag, es war ein Urlaub mit herrlichem Sonnenschein – 15 Tage lang!

- **Schuldgefühle aufrühren**
  Alle Unternehmer wollen doch nur eins – Profite! Nennen Sie mir doch einen Unternehmer, der das nicht will.

- **Kompetenz anzweifeln**
  Ich weiß nicht, ob gerade Sie aus der Einkaufsabteilung diese Sache wirklich neutral beurteilen können?

- **Persönlich verunsichern**
  Haben Sie schon einmal darüber nachgedacht? – Dann tun Sie es bitte auch ein zweites Mal, bevor Sie darüber reden!

- **Autoritäten zitieren**
  Was, Sie kennen den berühmten Professor XY nicht?

- **Eben-deshalb-Technik**
  A: Ich kümmere mich nicht um Politik … Die in Bonn machen doch, was sie wollen!
  B: Eben deshalb sollten wir ihnen besonders genau auf die Finger schauen!

- **Wenn-Sie-Technik**
  Wenn Sie an meiner Stelle wären, wie würden Sie da entscheiden? – Würden Sie da unter dem Zwang der Ereignisse nicht genauso entscheiden?

- **Natürlich-und-Methode**
  Natürlich haben Sie recht! Bei uns bekommen Sie 400 Mark weniger. Und … haben Sie auch berücksichtigt, welche Vorteile für Sie damit verbunden sind?

- **Komparativ anwenden**
  A: Die soziale Marktwirtschaft ist eine bewährte Wirtschaftsordnung
  B: Nein!
  A: Kennen Sie eine »bewährtere«?

- **Nicht-nur-sondern-auch-Verstärkung**
  A: Die soziale Marktwirtschaft hat vielleicht in der Vergangenheit gegolten.
  B: Sie hat nicht nur gegolten, sondern sie wird auch in Zukunft gelten.

- **Ablenkungstechnik**
  A: Für das Gehalt kann ich nicht arbeiten!
  B: Mhm … Wissen Sie auch, welche Aufstiegschancen Ihnen unser Trainee-Programm bietet?

- **Gegenbegriff durch ein Negativ-Schlagwort ersetzen (und umgekehrt)**
  Steuerungsinstrument sagen Sie … Sie sollten besser Manipulationsinstrument sagen!
  Sei nicht so pingelig! – Ich bin nicht pingelig, nur sorgfältig!

- **Assoziationsmethode**
  Südtiroläpfel schmecken großartig (1). Sorgen Sie dafür, daß Ihre Familie gesund bleibt (2). Kaufen Sie Südtiroläpfel (3)!
  Sie stellen im ersten Satz eine Behauptung auf, appellieren im zweiten Satz an ein wichtiges menschliches Motiv, das aber keineswegs mit der Behauptung im Zusammenhang stehen muß, und ziehen im dritten Satz daraus den Schluß!

Dämpfertechniken gegenüber allzu sicheren Verhandlungspartnern

Wie wehrt man sich gegen allzu sichere Verhandlungspartner, gegen ihre unbewiesenen Behauptungen, volltönenden Ausrufesätzen, kritisierenden Killerphrasen und überzogenen Selbstdarstellungen? Folgende 13 Möglichkeiten dienen dazu, auch überlegene Verhandlungspartner zu »stoppen« und zu verunsichern:

1. Eine unsichere Behauptung sofort aufspießen

A: Mit dieser Strategie könnten wir unseren Marktanteil um zehn Prozent verbessern!
B: Könnten?
Trick: Das Unsicherheitswort in Frageform wiederholen.

2. Für jede Behauptung sofort Beweise verlangen

A: Damit verstoßen wir gegen die Gesetze des Marktes.
B: Gegen welche Gesetze verstoßen wir denn?
Trick: Den Behauptungssatz in Frageform wiederholen.

3. Die Theorie gegen die Praxis ausspielen (und umgekehrt)

A: Wir sollten unsere Verkäufer durch ein neues Provisionssystem besser motivieren!
B: Gut gesagt. Und wie wollen Sie das in der Praxis machen?
Trick: Jeden theoretischen Vorschlag als Theorie oder Fachchinesisch und jeden praktischen Vorschlag als Einzellösung ohne (geistige) Gesamtkonzeption abqualifizieren.

4. *Die Beantwortung einer Frage vom Verhandlungspartner selbst abhängig machen*

A: Wie lange brauchen Sie, um diese Abteilung zu reorganisieren?

B: Das hängt von Ihnen ab – welche Vollmachten Sie mir geben.

Trick: Den Verhandlungspartner durch ein »Das hängt von Ihnen ab« um die Voraussetzung fragen.

5. *Jede kritische Äußerung erläutern lassen*

A: Diese Investition wird für uns verhängnisvoll werden.

B: Verhängnisvoll, wieso denn?

Trick: Das »kritische« Wort mit einem »Wieso, denn?« wiederholen.

6. *Jede Behauptung auf sich persönlich beziehen*

A: In den USA sind schon mehrere Firmen an Unkenntnis gescheitert.

B: Wollen Sie behaupten, daß wir davon nichts verstehen?

Trick: Eine allgemeine Behauptung (Abwertung) in einen persönlichen Vorwurf umwandeln (übertreiben).

7. *Jeden Erklärungsversuch auf einen einzigen Grund festlegen*

A: Die Ertragslage hat in den letzten Monaten weiter stagniert.

B: Ich will keine Erklärungen, ich will den Grund wissen.

Trick: So tun, als ob es für eine Erscheinung nur einen Grund gibt.

8. Eine verneinende Behauptung doppelt bejahen

A: Diese Finanzierungsgesetze gelten heute nicht mehr.
B: Sie gelten nicht nur heute, sie werden auch in Zukunft gelten.
Trick: Das Behauptungswort (gelten) durch einen »Nicht-nur, sondern-auch-Satz« wiederholen.

9. Den gegnerischen Angriff ins Leere laufen lassen

A: Was Sie da machen, ist Zeitverschwendung!
B: Nein … eine Vorsichtsmaßnahme.
Trick: Das Angriffswort durch ein positives Wort ersetzen.

10. Die Selbstdarstellung des Verhandlungspartners auf ihren eigentlichen Wert zurückführen

A: Mit meinen Vorschlägen werde ich den Vorstand vom Stuhl reißen.
B: Vielleicht … aber kaum überzeugen.
Trick: Das übertriebene Behauptungswort durch ein situationsgerechteres Wort ersetzen.

VI Checkliste für Verhandlungen

Was sollten Sie vor jeder Verhandlung bedenken?

- Verhandlungsthema ______
- Verhandlungspartner ______
  Stellung ______
  Aufgabe ______
  Beurteilung ______
- Verhandlungsort ______
- Verhandlungstermin ______
- Verhandlungsdauer ______
- Verhandlungsunterlagen ______
  eigene ______
  für den Verhandlungspartner ______
- Kernproblem ______
  Welches ist das eigentliche, »tiefere« ______
  Problem? ______
- Verhandlungsspielraum ______
  Zeit ______
  Minimum-Maximum-Bedingungen ______
  Kompromiß ______
- Verhandlungsziele ______
  (Prioritätenliste) ______
- Motive des Verhandlungspartners ______
  (Sicherheit, Gewinn, Prestige ...) ______
- Argumente des Verhandlungspartners ______
  (Sachargumente, Gefühlsargumente) ______

- Eigene Motive ______________
- Eigene Argumente ______________
  (Sach-, Gefühlsargumente) ______________
- Verhandlungsmethode ______________
  (Pro- und Contra-Methode, ______________
  4-Stufen-Methode) ______________
- Verhandlungsklima ______________
  (Verhandlungston ...) ______________
- Verhandlungsgrundsätze ______________
  (Wiederholungstechnik) ______________
- Verhaltensregeln ______________
  (bei Verstimmung, Kompromißlosigkeit) ______________
- Verhandlungsergebnis ______________
- Aktionsprogramm ______________

VII Verhandlungstips von A bis Z

A *Angriff ist die beste Verteidigung*

Fall 1

Wenn wir Vorwürfe von unserem VP erwarten, präparieren wir uns mit Gegenvorwürfen. Unter einem Vorwurf ist natürlich auch eine eventuelle Preiserhöhung zu sehen. Als Einkäufer Meier den Vertreter A über den Hof gehen sieht, weiß er, was die Stunde geschlagen hat. Schnell ruft er den Produktionsleiter an: »Karl, du hast mir doch mal erzählt, daß das mit dem Papier der Firma X nicht so recht hinhaut … Wie? … Ist erledigt? … Ne, ne, da kommt gerade der Vertreter dieser Firma und möchte bestimmt die Preise erhöhen – aber ohne mich! Du rufst mich genau in 5 Minuten an und beschwerst dich ganz zufällig über das ›verdammte‹ Papier … Ich laß den Vertreter dann gleich mithören …!«

Fall 2

Sie kommen dem Vertreter zuvor, fahren plötzlich zu Ihrem Lieferanten und überraschen ihn: »Hören Sie, die Sache ist ganz dringend … Sie wissen, Ihre Preise gefallen mir seit längerer Zeit nicht … Ich habe da ein ausgezeichnetes Angebot bekommen … Aber ich möchte Ihnen trotzdem aufgrund unserer alten Beziehungen eine Chance geben, …, wenn die Preise stimmen …«

Fall 3

Um einen Kompromiß herauszuholen, brauchen Sie in jedem Fall mehr Streitpunkte als der Gegner. Dabei können diese Streitpunkte rein theoretischer Natur sein, von denen Sie sich abbringen lassen – gegen Zugeständnisse des anderen. Dabei gilt die Regel: keine Konzession ohne Gegenkonzession. Einkäufer: »Was … Sie geben nur 2% Skonto, gar nur 1% Jahresbonus und überhaupt keinen Einführungsrabatt?«

B Beredsamkeit bremst man durch »beredtes« Lob!

Sie sagen zu dem Verhandlungspartner: »Ja, da ist etwas Gutes dran!« und betonen das *etwas*.

C Contra handeln, nicht Contra geben!

Man gibt dem VP zu verstehen, daß die angebotene Ware/Zeit kostbar, rar, selten ist, daß nur ein »begrenzter« Vorrat vorhanden ist. Ein Schulungsinstitut wird nicht nur aus pädagogischen Gründen schreiben: »Teilnehmerzahl begrenzt!« Ein Unternehmensberater wird vorgeben: August, September, Oktober ausgebucht zu sein. »Wie wäre es Anfang November …? Oder noch besser zu Beginn des neuen Jahres?«, um dann doch noch »rein zufällig die Sache in zwei Wochen in Angriff nehmen zu können«.

Um dieses Verhalten zu unterstützen, wird eine »Aufbruchsituation« simuliert: »Ich glaube, es hat keinen Sinn, weiterzuverhandeln. Lassen wir es. Vielleicht ergibt sich später nochmal eine Gelegenheit.« Dann erhebt sich der VP ruckartig aus seinem Sitz.

Die Methode

Ungeliebtes macht man »privilegiert« (Schreibmaschinen).
Vorrat macht man begrenzt (leider nur ein Prospekt vorhanden).
Verbote erlaubt (Betreten des Rasens erlaubt!).
Knappe Angebote werden vervielfältigt (Bewerbungen).
Wem man entkommen will, dem drängt man sich auf (Musterung).
Was man haben will, weist man offiziell zurück.

Was man aufdrängen will, enthält man vor (Kind und Banane).
Was man durchsetzen will, kritisiert man selbst.
Was man haben will, verneint man durch Gerüchte.
Nachgeben: nur »händeringend« und gegen Zugeständnisse.
Wer an einer Sache halbwegs interessiert ist, dem raten wir »lieber« ab.
Wer interessiert ist, zeigt Desinteresse.
Wer Vorrat hat, signalisiert Knappheit.
Wer von jemand etwas haben möchte, sagt ihm, er werde es ihm ja doch nicht geben.
Was man loswerden möchte, hält man fest.
Was man verbieten möchte, erlaubt man.

D Dumm zu scheinen heißt, schlau zu verhandeln!

Eines der wichtigsten Verhandlungsgesetze der Diplomatie, der Politik und des gesellschaftlichen Lebens heißt: verschleiern und vortäuschen, kurzum den Dummen spielen.

E Einstellungen erfährt man durch absichtliche Schnitzer und durch Grundsatzdebatten

Die Einstellung des anderen erfährt man, indem man absichtlich einen Schnitzer macht; so tut, als habe man sich versprochen und müsse sich sofort korrigieren. Auf den Gesichtern der Verhandlungspartner kann man dann die Wirkung ablesen. Oder: Man wirft irgendeinen Grundsatz in die Debatte. Im Widerspruch dazu geben die meisten ihre geheimen Gedanken preis.

F Fragen lockt man durch Feststellungen heraus

Man setzt bei dem betreffenden Thema eine völlig unbeteiligte Miene auf, blickt dann plötzlich seinem Gesprächspartner fest in die Augen und sagt: »Herr Meier, ich mache eine sehr betrübliche Feststellung!« – »Welche denn?« – »Ich stelle fest ...«

G Gefühle zuerst, Logik zuletzt

Akzeptiert der Verhandlungspartner keine Sachargumente, appelliere an sein Gefühl. Reagiert er nicht auf Gefühlsargumente, appelliere an seinen Verstand!

H Was das Herz begehrt, rechtfertigt der Verstand

Die wichtigsten Gefühle sprechen Sie im Bereich der Sicherheit, der Verantwortung, des Prestiges, der Bequemlichkeit, der Sauberkeit, der Orientierung, der Gesundheit, des Kontakts, der Geltung, der Unabhängigkeit, des Wettbewerbs, der Schönheit, der Unterhaltung an.

Wichtig:
Die Menschen wollen entweder etwas erreichen und legen dann ein Zielverhalten an den Tag, oder sie wollen etwas vermeiden und legen ein Vermeidungsverhalten an den Tag.
Zielverhalten: Sicherheit, Kontakt, Geltung, Gesundheit, Schönheit ...
Vermeidungsverhalten: Ärger, Mühe, Sorgen, Unbequemlichkeit, Streß, Armut.

I Indiskret fragen heißt direkt erfahren

Man »überfährt« den Verhandlungspartner, indem man ihn nicht fragt, ob überhaupt, sondern wann und wo.
Nicht: »Hatten Sie Schwierigkeiten mit dieser Maschine?«
Sondern: »Welche Schwierigkeiten hatten Sie bisher mit dieser Maschine?«

K Konversation, nicht Konfrontation

Es ist in 99% aller Fälle sinnlos, auf Menschen mit anderen Meinungen einzugehen.

Dazu Talleyrand, der »König der Konversation«, wie er von Napoleon genannt wurde: »Jede Diskussion, die auf eine Konfrontation hinausläuft, ist zwecklos: Niemals hat man erlebt, daß ein Gesprächspartner vom anderen überzeugt worden wäre. Hingegen sind Tausende verärgert worden und starrköpfiger als vorher auseinandergegangen.«

L Lästigen Fragern stellt man lästige Fragen

Man kommt lästigen Fragern zuvor, indem man nicht auf ihre Frage eingeht, sondern selbst ein paar verwirrende Fragen stellt.

M Moralischer Druck durch moralisches Lob

Man verpflichtet den Verhandlungspartner, indem man ihm sagt, daß man eine bestimmte positive Verhaltensweise bei ihm erkannt hat und bewundert (dadurch wird er moralisch verpflichtet, sie auch weiterhin zu zeigen). »Wir haben ja sonst sehr viele Kleinaufträge. Aber bei Ihnen ist das was anderes!«

N Nichts gedeiht ohne Vorbereitung

»Nur was zu Ende gedacht ist, bringt auch ein Ergebnis«, sagte Napoleon. Bereiten Sie sich deshalb auf schwierige Verhandlungen mit einer Kartei vor: Auf einen Zettel schreiben Sie Argument Nr. 1, auf einen zweiten das Gegenargument, auf einen dritten die Rückantwort ... Bei jedem Argument versuchen Sie, sich in den Standpunkt des Verhandlungspartners hineinzuversetzen.

O Offenheit im Detail schafft Glaubwürdigkeit im Ganzen

Man überzeugt den Verhandlungspartner von der eigenen Glaubwürdigkeit, indem man kleinere, harmlose Detailprobleme ganz offen zugibt oder sogar extra und unaufgefordert auf sie hinweist.

P Proben Sie die Lüge durch »Gläubigkeit« und die Wahrheit durch »Ungläubigkeit«

Wenn man argwöhnt, daß einer lügt, stelle man sich gläubig: »… Da wird er dreist, lügt stärker und ist entlarvt. Ist ihm die Wahrheit entschlüpft, stelle man sich ungläubig, damit er provoziert die ganze Wahrheit herausrückt.« (Schopenhauer)

R Rechter Eifer nur bei falschen Thesen

Man legt eine falsche Fährte, indem man kunstvoll eine These vertritt, von der man im voraus weiß, daß sie nicht angenommen wird.

S Schweigen heißt, auf den richtigen Augenblick zu warten

Je wichtiger die Botschaft ist, die man »anbringen« möchte, um so mehr muß man vorher schweigen, um die Zuhörer dafür erst richtig aufnahmefähig zu machen. Diese Zeit kann auch Stunden dauern – und die härteste Geduldsprobe darstellen.

Ein amerikanischer Geschäftsmann sagte dazu: »Es hat Jahre gedauert, bis ich gelernt habe, daß das Abwarten des richtigen Zeitpunktes wirklich fünfzig Prozent des Erfolges ausmacht. Man muß wissen, wann eine Zuhörerschaft oder ein einzelner aus dem einen oder anderen Grund psychologisch aufnahmefähig geworden ist.«

T Teuer ist nur die Rose, nicht der Setzling

Hüten Sie Ihren ersten (plötzlichen) Gedanken wie ein winziges, aufkeimendes Pflänzchen. Es wird sonst zertreten (»Das geht doch nicht!«), unberücksichtigt bleiben (»Gut … aber mir fällt was anderes ein«) oder von anderen ausgebeutet (»Ich hatte auch schon mal denselben Gedanken«).

U Übereinstimmung herrscht nur, wenn Geist und Stimmung übereinstimmen

Eine echte Übereinstimmung ist so schwer zu erreichen, weil die Übereinstimmung des Geistes und der Stimmung dazugehört. Oft aber wird die Verschiedenheit der Stimmungen, ausgelöst durch die Verschiedenheit der Berufe, der Freuden, des körperlichen und seelischen Zustandes, nicht berücksichtigt. Deshalb fehlt bei keiner größeren Feier der Alkohol, weil er eine einvernehmliche Grundstimmung schafft. Deshalb ist es bei Verhandlungen wichtig, durch bestimmte Gemeinsamkeiten (Kaffeetrinken usw.) eine gemeinsame Grundstimmung zu erzeugen.

V Vorwürfe nicht bestreiten, sondern bestätigen

Ein Mann »belästigt« Talleyrand mit einer Rechnung. »Nichts richtiger als das: Man ist Ihnen etwas schuldig. Sie müssen bezahlt werden!« – »Ach, Bürger Minister, die Zeiten sind hart, Sie würden mir einen großen Gefallen erweisen.« – »Das hat mit Gefallen nichts zu tun; wenn man etwas schuldet, muß man es begleichen.« – »Sie werden mich bezahlen, Bürger Minister, aber wann?« – »Sie sind äußerst neugierig.«

W Wahrscheinlich ist das eine … wie das andere

Wenn der Verhandlungspartner zufällig einen Verdacht ausspricht, der richtig sein könnte, stellen wir ihn als absolut wahrscheinlich hin und als ebenso wahrscheinlich auch das Gegenteil. »Sie meinen dieser Artikel wird ein Flop? … Bei den sensiblen Kundenwünschen heute wäre das kein Wunder … Aber was spricht dagegen, daß dieser Artikel vielleicht auch der Renner der Saison wird?«

Z Zugeständnisse erreicht man durch Zugbrücken

Man erreicht Zugeständnisse, indem man alles daransetzt, daß der Verhandlungspartner sein Gesicht wahren kann, indem man ihm goldene (Rückzugs-)Brücken baut.